絶対合格プロジェクト

漢字検定3級

頻出順 完成問題

本書の特色

本書は、日ごろなかなか学習時間の取れないみなさんが、**「25日間」**という短期間で、日本漢字能力検定協会が主催する**「漢字能力検定」**に合格できる十分な実力を完成させ、なおかつ検定前に最後の実力確認ができるように、以下の**5つの工夫**をしています。

また、**改定された常用漢字表**に対応しています。

1 問題を出題頻度順に厳選！

最短距離で合格ラインに到達できるように、過去の試験問題を徹底的に分析し、出題頻度の高い問題**(頻度順にランクA・B・C)**を選び出しています。これらの頻出問題を学習すれば、最小の努力で最大の効果が得られます。

2 一日の適切な学習分量を絞り込み！

必須である「読み」や「書き取り」を中心に、「同音・同訓異字」「対義語・類義語」「部首」「四字熟語」「誤字訂正」など、実際の検定試験で出される多様な形式の問題を織り交ぜて**日割り**にし、**一日当たり6ページ**に収めました。これにより、途中で飽きることなく、無理のないペースで学習を進めることができます。

3 繰り返し学習が可能！

解答が赤刷りになっているので、チェックフィルターを使えば、赤文字の解答部分だけを消すことができます。これにより何度でも繰り返し学習することができ、頻出漢字、苦手な漢字をしっかりとマスターすることができます。

4 実戦模試で本番前に力試しができる！

計3回、本番の検定試験と同じ出題形式のテストを設けました。これを実際の検定時間と同じ時間内で解くことによって、時間配分やこれまでの**学習成果の確認**ができます。

5 試験直前まで最後の確認ができる！

本書の大きな特長として、巻末に**「ファイナルチェック」**を設けています。これを使えば、それぞれの出題分野の超頻出問題を、検定試験直前までチェックすることができます。

目次

3級の出題内容について

　3級では、**小学校で習う学習漢字**（1026字）と**4級**（313字）と**3級**（284字）の配当漢字が、出題の対象漢字となります。

　「読み」の問題（下表の「短文中の漢字の読み」「同音・同訓異字」「漢字識別」「熟語の構成」「対義語・類義語」「四字熟語」「誤字訂正」）では、3級の対象漢字すべてが出題範囲となります。3級の配当漢字が出題の中心です。

　「書き取り」の問題（「対義語・類義語」「漢字と送りがな」「四字熟語」「誤字訂正」「短文中の書き取り」）では、小学校で習う学習漢字が出題の中心です。

　「部首」の問題（「部首」）は、対象漢字すべてが出題の範囲になります。

　そのほかに、巻末資料にまとめた熟字訓・当て字も出題されるので、確認しておきましょう。

　以上のように、3級の配当漢字が学習の中心となります。また、小学校をすでに卒業している人は、以前習った漢字でも確実に書けるようにしておくことが大切です。

級別出題内容と対象漢字数

内容＼級	4級	3級	準2級	2級
短文中の漢字の読み	○	○	○	○
同音・同訓異字	○	○	○	○
漢字識別	○	○	／	／
熟語の構成	○	○	○	○
部首	○	○	○	○
対義語・類義語	○	○	○	○
漢字と送りがな	○	○	○	○
四字熟語	○	○	○	○
誤字訂正	○	○	○	○
短文中の書き取り	○	○	○	○
対象漢字数	1339字	1623字	1951字	2136字
対象レベル	中学校在学程度	中学校卒業程度	高校在学程度	高校卒業・大学・一般程度

「日本漢字能力検定」受検ガイド

（個人受検の場合）

●検定実施日

毎年3回、日曜日に実施しています。第1回…5月か6月、第2回…10月か11月、第3回…翌年の1月か2月。

●検定会場

全国の主要都市で実施されているので、申し込み時に希望の地域を指定することができます。

●3級の検定時間と合格基準

検定時間は**60分**で、合格のめやすは正答率70％程度です。200点満点のテストで、**140点**以上の点数を獲得できれば合格圏です。

●合否の通知

検定日から約30日前後で、受検者全員に検定結果通知と、合格者には合格証書・合格証明書が郵送されます。また、約25日後にはインターネットで、合否結果を確認することもできます。

●問い合わせ先

公益財団法人　日本漢字能力検定協会

〈ホームページ〉

http://www.kanken.or.jp/

（本部）

〒605-0074

京都市東山区祇園町南側551番地

TEL（075）757-8600

FAX（075）532-1110

（東京事務局）

〒100-0004

東京都千代田区大手町2-1-1大手町野村ビル

TEL（03）5205-0333

FAX（03）5205-0331

第1日（1）

読み

時間 15分 合格 35

得点 1回目 /50 2回目 /50

● 次の——線の読みをひらがなで記せ。

1 新鮮な魚を早速料理しよう。
2 法により刑罰が定められている。
3 私の父は渡欧経験がある。
4 彼は有名な彫刻家である。
5 会社が急成長を遂げて満足だ。
6 感慨を込めて校歌を歌う。
7 国語の試験を実施する。
8 新しい文学の胎動を知る。
9 陪審員制度に基づき評決を下す。
10 遺漏のないように注意しなさい。
11 喫煙室に入ってたばこを吸う。
12 彼らの結婚を喜び、祝宴を開く。
13 装丁が魅力的な書物を手にする。
14 あの老人は財貨を秘匿している。
15 彼は穏健な考え方のできる人だ。
16 通行の妨げとなる障害物がある。
17 斥候として敵国を偵《てい》察する。
18 彼の常軌をいっした行動を責める。
19 彼の境遇を思うと切なくなる。
20 鼓膜が破れそうな大きな音だ。
21 やむなく彼の意見に譲歩する。
22 国の勢力が一段と伸張する。

解答

1 さっそく
2 けいばつ
3 とおう
4 ちょうこく
5 と
6 かんがい
7 じっし
8 たいどう
9 ばいしん
10 いろう
11 きつえん
12 しゅくえん
13 そうてい
14 ひとく
15 おんけん
16 さまた
17 せっこう
18 じょうき
19 きょうぐう
20 こまく
21 じょうほ
22 しんちょう

23 地震による原子炉被害が心配だ。

24 退職し、空虚な生活が続く。

25 そんな事は日常茶飯事だ。

26 停滞前線の影響で雨が降る。

27 本事業の概要を説明しよう。

28 巧妙な技を使って相手を倒す。

29 赴任先は町外れにある学校だ。

30 保険の勧誘をていねいに断る。

31 飽食の時代に育った若者たち。

32 私の本籍地は和歌山県だ。

33 太陽が容赦なく照りつける。

34 無謀な計画が事故につながった。

35 手洗いとうがいを励行しよう。

36 交通事故に遭ってけがをする。

37 胃袋はどうやら空っぽのようだ。

38 仁王立ちになって行く手を阻《はば》む。

39 これは順位を競うものではない。

40 未来を想像し、夢が膨らむ。

41 惜しい負け方でゲームが終わる。

42 師の教えに背いてはいないか。

43 鉛筆を小刀で削るのは難しい。

44 農作物を市場に卸す。

45 柳の葉が風に揺らいでいる。

46 彼を励まし、勇気づけよう。

47 火事場で逃げ惑ったらしい。

48 反物屋で私の着物を購《こう》入する。

49 今の話はどうも納得がいかない。

50 小豆の入ったかゆを食べる。

---

23 げんしろ
24 くうきょ
25 さはんじ
26 ていたい
27 がいよう
28 こうみょう
29 ふにん
30 かんゆう
31 ほうしょく
32 ほんせき
33 ようしゃ
34 むぼう
35 れいこう
36 あ

37 いぶくろ
38 におう
39 きそ
40 ふく
41 お
42 そむ
43 けず
44 おろ
45 ゆ
46 はげ
47 まど
48 たんもの
49 なっとく
50 あずき

第1日 (2)

同音・同訓異字、四字熟語

時間20分　合格26

得点　1回目　/36　2回目　/36

● 次の――線のカタカナにあてはまる漢字をそれぞれのア〜オから一つ選び、記号で答えよ。

1 夜空にアがった美しい花火。
2 このゲームはもうアきてきた。
3 手をアげて質問した。
（ア 揚　イ 遭　ウ 飽　エ 会　オ 挙）

4 草木がオい茂る林に立ち入る。
5 書類に印鑑をオす。
6 彼を学級委員にオすことにした。
（ア 押　イ 惜　ウ 負　エ 推　オ 生）

7 祖父はカ設住宅に住んでいる。
8 カ線工事のため停電する。
9 妻と二人で余カを楽しむ。
（ア 価　イ 科　ウ 仮　エ 暇　オ 架）

10 遠足にかかる費用をガイ算する。
11 ガイ当する項目に印を付ける。
12 波乱に富んだ生ガイであった。
（ア 慨　イ 涯　ウ 該　エ 概　オ 劾）

13 優勝して賞金をカク得する。
14 米の収カクの季節を迎えた。
15 殿様が城カクを構えた町。
（ア 画　イ 獲　ウ 隔　エ 郭　オ 穫）

16 子どもに注意をカン起する。
17 体育館のカン気扇を回す。
18 カン然と犯人に立ち向かう。
（ア 敢　イ 換　ウ 喚　エ 緩　オ 勘）

解答

1 ア　2 ウ　3 オ
4 オ　5 ア　6 エ
7 ウ　8 オ　9 エ
10 エ　11 ウ　12 イ
13 イ　14 オ　15 エ
16 ウ　17 イ　18 ア

● 文中の四字熟語の――線のカタカナを漢字に直せ。

1 意気ショウチンした負け試合。

2 彼と私はイシン伝心だ。

3 事件の一部シジュウを話した。

4 試合の状況にイッキ一憂する。

5 イッキョ両得の結果を得た。

6 難事件もイッケン落着した。

7 難問を一刀リョウダンに裁く。

8 意味シンチョウな言葉を聞く。

9 インガ応報を説く仏教。

10 人生はウイ転変を繰り返す。

11 私の悩みも雲散ムショウした。

12 オンコ知新の精神で研究する。

13 カチョウ風月を楽しむ日本人。

14 君の理屈はガデン引水だ。

15 受賞を果たし感慨ムリョウだ。

16 危機イッパツで助かる。

17 今やキキュウ存亡のときだ。

18 起死カイセイのホームランだ。

解答

1 意《い》気《き》消《しょう》沈《ちん》　がっくりして沈み込むこと。

2 以《い》心《しん》伝《でん》心《しん》　言葉によらずとも心が通じること。

3 一《いち》部《ぶ》始《し》終《じゅう》　物事の始めから終わりまで。

4 一《いっ》喜《き》一《いち》憂《ゆう》　喜んだり心配したりすること。

5 一《いっ》挙《きょ》両《りょう》得《とく》　一つの行動で二つの利益を得ること。

6 一《いっ》件《けん》落《らく》着《ちゃく》　事件が解決すること。

7 一《いっ》刀《とう》両《りょう》断《だん》　断固たる処置をすること。

8 意《い》味《み》深《しん》長《ちょう》　意味が深く、含蓄があること。

9 因《いん》果《が》応《おう》報《ほう》　過去の善悪に応じ報いがあること。

10 有《う》為《い》転《てん》変《ぺん》　世事の移り変わりやすいこと。

11 雲《うん》散《さん》霧《む》消《しょう》　物事が一時に消えてなくなること。

12 温《おん》故《こ》知《ち》新《しん》　昔の研究から新しい知識を得ること。

13 花《か》鳥《ちょう》風《ふう》月《げつ》　自然界の美しい風物。

14 我《が》田《でん》引《いん》水《すい》　自分の有利になるようにすること。

15 感《かん》慨《がい》無《む》量《りょう》　計り知れないほど感慨が深いこと。

16 危《き》機《き》一《いっ》髪《ぱつ》　危ない瀬戸際。

17 危《き》急《きゅう》存《そん》亡《ぼう》　生きるか滅びるかの瀬戸際。

18 起《き》死《し》回《かい》生《せい》　絶望的な状況を立ち直らせること。

第1日(3)

書き取り

時間 20分
合格 35

得点
1回目 ／50
2回目 ／50

● 次の——線のカタカナを漢字に直せ。

1 今度のアイボウとは気が合う。
2 イシツ物係に忘れ物を聞いた。
3 オウフク切符のほうが割安だ。
4 一年間でカクダンに上達した。
5 新たな国が国連にカメイした。
6 本のカントウの言葉を書いた。
7 祭りで交通キセイが行われた。
8 キョウチュウをお察しします。
9 ケイカイなフットワークだ。
10 古代、ケッキョ生活が行われた。
11 八月のコウウ量としては最大だ。
12 熱コウリツが良いので早く沸《わ》く。
13 故郷からコヅツミが届いた。
14 祖母はザッカ店を営む。
15 コンサートのシキシャになる。
16 議会のシツギは本日で終了だ。
17 列島をジュウオウに走る道路。
18 時間をかけてジュッコウした。
19 この道路では車はジョコウする。
20 事態は相当シンコクである。
21 祝賀会はセイカイのうちに終わった。
22 この会社のセンムは父の友人だ。

解答

1	相棒	12	効率
2	遺失	13	小包
3	往復	14	雑貨
4	格段	15	指揮者
5	加盟	16	質疑
6	巻頭	17	縦横
7	規制	18	熟考
8	胸中	19	徐行
9	軽快	20	深刻
10	穴居	21	盛会
11	降雨	22	専務

23 牛のゾウモツを焼いて食べる。
24 工事期間をタンシュクした。
25 彼はチョメイな建築家だ。
26 テッコツの建物が隣に建った。
27 トウショから心配していた。
28 両親をセットクする。
29 息子はハイエイの選手である。
30 大いにハップンして勉強をする。
31 今日はよいヒヨリで何よりです。
32 あまりの暑さにヘイコウした。
33 これはホウモンサキへのお土産です。
34 彼とは付き合いも長くメイユウだ。
35 遊園地のユウタイ券をもらった。
36 ランピツで申し訳ありません。

37 代々呉《ご》服をアキナってきた。
38 破竹のイキオいで勝ち進む。
39 子どもをウむために里帰りした。
40 彼のオサナいころの写真だ。
41 思い出を心にキザんで卒業する。
42 一度だけココロみたが失敗した。
43 厳しい労働をシいられた人々。
44 君に原因があるとセめられた。
45 長方形のタテの長さを求める。
46 テサげ金庫に通帳をしまった。
47 情報を集めて作戦をネる。
48 この店の魚のヒモノはおいしい。
49 母の思いがホネミにしみてきた。
50 和服を着るために髪をユう。

23 臓物　24 短縮　25 著名　26 鉄骨　27 当初　28 説得　29 背泳　30 発奮　31 日和　32 閉口　33 訪問先　34 盟友　35 優待　36 乱筆

37 商　38 勢　39 産　40 幼　41 刻　42 試　43 強　44 責　45 縦　46 手提　47 練　48 干物　49 骨身　50 結

第2日 (1) 読み

時間 15分　合格 35

得点　1回目 /50　2回目 /50

● 次の――線の読みをひらがなで記せ。

1 子どもが幼稚園に元気に通う。
2 冗漫な文章を書き改める。
3 決してひるまず、果敢に戦った。
4 大学で哲学を専攻する。
5 険阻な山道を仲間と共に進む。
6 その年、国は滅亡した。
7 穏便な処置を依頼する。
8 篤実な人柄で皆に好かれる。
9 吉凶はあざなえる縄《なわ》のごとし。
10 気球が大空に浮揚する。
11 適度な間隔をあけて整列する。
12 殺伐とした都会の風景を見る。
13 聴衆は政治家の演説に共感した。
14 この町には在留邦人が多い。
15 遭難した友の無事を祈る。
16 駅前で偶然あの人に会った。
17 お祭りムードが高揚する。
18 暖炉のある家に住みたい。
19 この辺りは湿潤な土地が広がる。
20 官吏が服務規定を守る。
21 彼の死は各界に衝撃を与えた。
22 排斥運動によって弾圧される。

解答

1 ようち
2 じょうまん
3 かかん
4 てつがく
5 けんそ
6 めつぼう
7 おんびん
8 とくじつ
9 きっきょう
10 ふよう
11 かんかく
12 さつばつ
13 ちょうしゅう
14 ほうじん
15 そうなん
16 ぐうぜん
17 こうよう
18 だんろ
19 しつじゅん
20 かんり
21 しょうげき
22 はいせき

23 犯人を**隠匿**すると罰せられる。
24 チームの**主軸**となって活躍する。
25 **敬慕**してやまない恩師がいる。
26 栄養価の高い食品を**摂取**する。
27 水蒸気が**凝結**して水滴となる。
28 会費を**滞納**して退会させられる。
29 彼はテニス部の**顧問**を務める。
30 彼は**翻訳**家として生活している。
31 優れた**審美眼**の持ち主に出会う。
32 海岸に**漂着**した容器を拾う。
33 父から**譲**り受けた腕時計だ。
34 電話を受けて、**慌**てて出かけた。
35 悲願の優勝は**幻**に終わった。
36 初戦の相手に苦戦を**強**いられる。

37 私の妹は隣村に**嫁**いでいった。
38 **袋**に入れてたくさん持ち帰る。
39 罪を**憎**んで人を憎まず。
40 遅刻した生徒を厳しく**戒**める。
41 祖父の言葉を**励**みに精進する。
42 彼の**巧**みな話術にはめられる。
43 西側の窓をカーテンで**覆**う。
44 損害を**被**ったのは彼だけだ。
45 毎日の運動で体を**鍛**える。
46 次の駅で地下鉄に乗り**換**える。
47 その夜は猛烈な**吹雪**となった。
48 今朝は絶好の行楽**日和**となった。
49 **五月雨**の降りのこしてや光堂
50 **意気地**のない自分が情けない。

23 いんとく
24 しゅじく
25 けいぼ
26 せっしゅ
27 ぎょうけつ
28 たいのう
29 こもん
30 ほんやく
31 しんびがん
32 ひょうちゃく
33 ゆず
34 あわ
35 まぼろし
36 し

37 とつ
38 ふくろ
39 にく
40 いまし
41 はげ
42 たく
43 おお
44 こうむ
45 きた
46 か
47 ふぶき
48 びより
49 さみだれ
50 いくじ

第2日 (2)

漢字識別、誤字訂正

時間 20分
合格 23

得点
1回目 /32
2回目 /32

● 次の1～5の三つの□に共通する漢字を入れて熟語を作れ。漢字は下のア～コから一つ選び、記号で答えよ。

(1)

1 悲□・□惜・□歓
2 沈□・□水・□在
3 □愛・□善・□母
4 交□・□乱・□覚
5 □縮・屈□・追□

ア 願　イ 伸　ウ 哀　エ 求　オ 上
カ 潜　キ 錯　ク 信　ケ 代　コ 慈

(2)

1 □労・□霊・□謝料
2 □栄・□脱・空□
3 □行・激□・奮□
4 □起・召□・□問
5 移□・書□・本□

ア 励　イ 繁　ウ 喚　エ 苦　オ 過
カ 籍　キ 設　ク 虚　ケ 慰　コ 還

(3)

1 精□・□妙・技□
2 □抱・□酸・□苦
3 □門・□閣・鐘□
4 □方・□葉・□生児
5 □関・□生・□理

ア 私　イ 辛　ウ 摂　エ 看　オ 開
カ 巧　キ 楼　ク 酢　ケ 心　コ 双

(4)

1 □縮・□張・□迫
2 清□・□価・破□恥
3 放□・投□・□権
4 □解・□見・完□
5 □進・□成・催□

ア 手　イ 緊　ウ 伸　エ 棄　オ 了
カ 心　キ 促　ク 品　ケ 廉　コ 前

解答

(1) 1 ウ　2 カ　3 コ　4 キ　5 イ
(2) 1 ケ　2 ク　3 ア　4 ウ　5 カ
(3) 1 カ　2 イ　3 キ　4 コ　5 ウ
(4) 1 イ　2 ケ　3 エ　4 オ　5 キ

● 次の各文にまちがって使われている同じ読みの漢字が一字ある。上に誤字を、下に正しい漢字を記せ。

1 本県は国宝級の文化偉産を多数所有し、観光の目玉となっている。

2 監督が微妙な判定に必死に抗疑したら、退場を言い渡された。

3 不審者が侵入した型跡はあるが、証拠の指紋は発見されなかった。

4 森林伐裁は環境保全の観点から課題が多く、世界的な対策が急がれる。

5 権威に対し安易には迎合せず、自説を堅持することが肝用だ。

6 学科の統合は、従来の実績を継承する発展的解障である。

7 当社は赤字経営が続き、依全として困難な状況から脱出できない。

8 父は自地体に勤務し、企業誘致を推進する仕事に携わっている。

9 学童期に暗記した名作の冒到の一節は、現在でも記憶に残っている。

10 彼は文芸比評家として活躍し、書籍を多数出版している。

11 定期的な会計監査に備え、関係書類に領収書を添布しておく。

12 会社存続のために営業部の保強を図るように指摘したが、拒否された。

解答

1 偉・遺
2 疑・議
3 型・形
4 裁・採
5 用・要
6 障・消
7 全・然
8 地・治
9 到・頭
10 比・批
11 布・付
12 保・補

第2日 (3)

書き取り

時間 20分　合格 35

得点　1回目　/50　2回目　/50

● 次の――線のカタカナを漢字に直せ。

1 ラストシーンはアッカンだった。
2 嫌《いや》と言えないインガな性分だ。
3 王のオウボウを民衆は許さない。
4 事業をカクチョウするつもりだ。
5 趣味の油絵をガリュウで描く。
6 彼の策略をカンパできなかった。
7 駅はキセイキャクでいっぱいだ。
8 彼の思想にキョウメイしている。
9 壮《そう》大なケイカンを前に感動した。
10 遠足は雨でもケッコウします。
11 教育問題のコウエンがある。
12 中央にコオウした動きが起こる。
13 駅は大勢の人でコンザツした。
14 人事をサッシンして改革をする。
15 昆《こん》虫の雌雄をシキベツする。
16 今日は理科のジッケンがあった。
17 ジュウギョウインの宿舎だ。
18 シュノウ会談が東京で開かれた。
19 ジョセツ作業が済んで開通した。
20 各国のシンゼン大使が集まる。
21 休まずにセイキン賞をもらった。
22 彼のセンモンは物理学である。

解答

1 圧巻　2 因果　3 横暴　4 拡張　5 我流　6 看破　7 帰省客　8 共鳴　9 景観　10 決行　11 講演
12 呼応　13 混雑　14 刷新　15 識別　16 実験　17 従業員　18 首脳　19 除雪　20 親善　21 精勤　22 専門

23 ソウリョクをあげて売り上げた。
24 今日は息子のタンジョウ日だ。
25 この小説はツウカイでおもしろい。
26 庭木の手入れのテマチンを払う。
27 先のトウシンに基づいた法改正。
28 協力してナンキョクを乗り切る。
29 ハイカツリョウが多い水泳選手。
30 もはやバンサクが尽きた。
31 畑にヒリョウをまいた。
32 予算ヘンセイ作業が始まった。
33 数学のホシュウを受けた。
34 「自由のメガミ」は米国にある。
35 湖でユウランセンに乗る。
36 彼の無実をリッショウする。

37 銀行にお金をアズけている。
38 イサましい太鼓の響きがする。
39 毎年ウメボしを作って食べる。
40 相手の気持ちをオし量る。
41 キズグスリを塗っておけばよい。
42 ココロヨく引き受けてくれた。
43 シオカゼに吹かれながら歩いた。
44 川にソって桜の木がある。
45 箱の中にタバねた手紙があった。
46 皆の前でほめられるとテれる。
47 これは何度も読むネウちがある。
48 失敗を繰り返しヒラアヤマりだ。
49 友人を自宅にマネきたいと思う。
50 瀬戸内海のユウバえは美しい。

23 総力　24 誕生　25 痛快　26 手間賃　27 答申　28 難局　29 肺活量　30 万策　31 肥料　32 編成　33 補習　34 女神　35 遊覧船　36 立証

37 預　38 勇　39 梅干　40 推　41 傷薬　42 快　43 潮風　44 沿　45 束　46 照　47 値打　48 平謝　49 招　50 夕映

第3日 (1)

読み

時間15分 合格35

得点 1回目 /50 2回目 /50

● 次の――線の読みをひらがなで記せ。

1 成績優秀なら授業料を免除する。
2 錠剤の薬を服用している。
3 彼は党の外郭団体に所属する。
4 汚れた衣類を漂白する。
5 高齢者の雇用問題は深刻だ。
6 匿名で抗議の電話が入る。
7 紅葉の黒部《くろべ》峡谷を旅する。
8 彼女が信奉者となって久しい。
9 万引きの現行犯が逮捕される。
10 夕食に天ぷらを揚げる。
11 労使間で折衝を重ね結論を出す。
12 小さな弟が殊勝にも兄をかばう。
13 工業の進歩を阻害してはならぬ。
14 大事な書類を紛失して大騒ぎだ。
15 拘留期間が切れ、釈放される。
16 陰謀をめぐらしたのは彼だ。
17 二人は婚約を破棄したらしい。
18 彼はその発言で権威を失墜した。
19 出国制限が緩和された。
20 彼を党首として擁立しよう。
21 幻想的な音楽が流れている。
22 物語が佳境に入ってきた。

解答

1 めんじょ
2 じょうざい
3 がいかく
4 ひょうはく
5 こよう
6 とくめい
7 きょうこく
8 しんぽう
9 たいほ
10 あ
11 せっしょう
12 しゅしょう
13 そがい
14 ふんしつ
15 こうりゅう
16 いんぼう
17 はき
18 しっつい
19 かんわ
20 ようりつ
21 げんそう
22 かきょう

23 **契約**書にサインすればよい。
24 海峡に橋を**架**けて島をつなぐ。
25 彼が会計の**帳簿**をつけている。
26 毎日運動して、体を**鍛錬**する。
27 旅の記念に**鋳物**細工を買う。
28 **本邦**初公開の映画を鑑賞する。
29 社員の給料を**歩合**制で支払う。
30 定員を**超**える人々が集まる。
31 話題を**転換**して議事を進めよう。
32 **零細**企業の先行きは不安だ。
33 初孫誕生の**吉報**が届く。
34 今月は交際費が**膨大**になった。
35 **密封**した容器で保管しなさい。
36 **静脈**は血液を心臓に運ぶ。

37 事故への注意を**喚起**する。
38 **時雨**が降り、冷え冷えとする。
39 私には**一切**話さず去って行った。
40 家までは**緩**やかな上り坂が続く。
41 心ない発言に**肝**を冷やした。
42 彼の悪意に**憎**しみを覚えた。
43 **軸物**を購《こう》入し、床の間にかける。
44 この町には**鯨**の博物館がある。
45 ぶどうの**房**がたわわに実る。
46 本日の会議は**滞**りなく終わった。
47 新雪に**覆**われた富士山を描く。
48 隣の部屋から**機織**りの音がする。
49 **侍**の格好をして劇に出演する。
50 母は長年教育に**携**わってきた。

---

23 けいやく
24 か
25 ちょうぼ
26 たんれん
27 いもの
28 ほんぽう
29 ぶあい
30 こ
31 てんかん
32 れいさい
33 きっぽう
34 ぼうだい
35 みっぷう
36 じょうみゃく

37 かんき
38 しぐれ
39 いっさい
40 ゆる
41 きも
42 にく
43 じくもの
44 くじら
45 ふさ
46 とどこお
47 おお
48 はたお
49 さむらい
50 たずさ

第3日 (2)

部首、対義語・類義語

時間 20分
合格 26

得点
1回目 /36
2回目 /36

● 次の漢字の部首をア～エから一つ選び、記号で答えよ。

1 欺（ア 一 イ 八 ウ 目 エ 欠）

2 顧（ア 戸 イ 隹 ウ 頁 エ 尸）

3 魔（ア 广 イ 麻 ウ 鬼 エ 木）

4 尿（ア 厂 イ 尸 ウ ノ エ 水）

5 衛（ア 彳 イ 行 ウ 口 エ 二）

6 喫（ア 口 イ 刀 ウ 一 エ 大）

7 粋（ア 八 イ 一 ウ 十 エ 米）

8 慕（ア 艹 イ 日 ウ 大 エ ⺗）

9 辱（ア 厂 イ 辰 ウ 一 エ 寸）

10 奮（ア 一 イ 大 ウ 隹 エ 田）

11 募（ア 艹 イ 日 ウ 一 エ 力）

12 擁（ア 扌 イ 亠 ウ 幺 エ 隹）

13 酔（ア 儿 イ 酉 ウ 十 エ 一）

14 免（ア ノ イ 工 ウ 儿 エ 口）

15 敢（ア 工 イ 耳 ウ ノ エ 攵）

16 炊（ア 火 イ 欠 ウ ノ エ 人）

17 我（ア ノ イ 一 ウ 扌 エ 戈）

18 怪（ア 忄 イ 又 ウ 土 エ 丨）

解答

1	2	3	4	5	6	7	8	9
エ	ウ	ウ	イ	イ	ア	エ	エ	イ
10	11	12	13	14	15	16	17	18
イ	エ	ア	イ	ウ	エ	ア	エ	ア

● 後の□内のひらがなを漢字に直して□に入れ、対義語・類義語を作れ。□内のひらがなは一度だけ使い、一字記せ。

対義語

1 一般 ― □殊
2 寒冷 ― □暖
3 攻撃 ― □御
4 邪悪 ― □良
5 潤沢 ― □乏
6 沈静 ― □奮
7 妨害 ― □力
8 抑制 ― 促□
9 束縛 ― □放

類義語

10 回顧 ― □憶
11 賢明 ― □口
12 周到 ― □密
13 辛酸 ― □苦
14 薄情 ― □淡
15 明白 ― □然
16 屈服 ― 降□
17 失望 ― □胆
18 華美 ― □手

おん・かい・きょう・けつ・こう・こん・さん・しん・ぜん・つい・とく・は・ぼう・めん・らく・り・れい・れき

解答

1 特　2 温　3 防　4 善　5 欠　6 興　7 協　8 進　9 解

10 追　11 利　12 綿　13 困　14 冷　15 歴　16 参　17 落　18 派

第3日(3) 書き取り

時間20分 合格35

得点 1回目 /50 2回目 /50

● 次の――線のカタカナを漢字に直せ。

1 人生をアンイに考えるな。
2 先生がインソツして名所を巡る。
3 不満はカイショウしていない。
4 カクベツにうまい料理を出す店。
5 書類はカンイ書留で送りなさい。
6 カンマツのあいさつ文を書いた。
7 チームへのキゾク意識がない。
8 キョウリでは夏祭りの時期だ。
9 手紙の終わりに「ケイグ」と書く。
10 何度も身のケッパクを訴えた。
11 飛行機がコウカを始めた。
12 コクイッコクと期限が近づく。
13 爆発事故でコンランする。
14 サッソクのご返事ありがとう。
15 月末にシキュウする金がない。
16 経営のジッケンを握るのは父だ。
17 大学を出てシュウショクする。
18 新記録をジュリツした。
19 虫歯のショチをしてもらった。
20 封書に赤でシンテンと書いた。
21 セキタンを掘る仕事をしていた。
22 天然のセンリョウを使っている。

解答

1 安易 2 引率 3 解消 4 格別 5 簡易 6 巻末 7 帰属 8 郷里 9 敬具 10 潔白 11 降下
12 刻一刻 13 混乱 14 早速 15 支給 16 実権 17 就職 18 樹立 19 処置 20 親展 21 石炭 22 染料

23 首相はソカク作業に入った。
24 喫茶店で友人とダンショウした。
25 父は電車ツウキンをしている。
26 郊外に家を建ててテンキョした。
27 十年ぶりにドウソウカイを開く。
28 無理ナンダイを言われても困る。
29 祖父はハイクを作っている。
30 バンシュウの古都の風景。
31 貴族としてのヒンカクが備わる。
32 敵にホウイされて動けない。
33 安全ホショウのための話し合い。
34 ミスをしてメンボク丸つぶれだ。
35 信頼回復はヨウイではない。
36 失礼な態度だとリップクした。

37 車を購《こう》入してアタマキンを払う。
38 森の中のイズミに手を浸した。
39 老人をウヤマうことが大切だ。
40 故郷をオトズれて友と再会した。
41 ライバルと常にキソい合う。
42 せっかくだが、おコトワりする。
43 高齢のため第一線をシリゾいた。
44 神棚《だな》に鏡もちをソナえた。
45 わが国のタミは皆明朗だ。
46 父は月に一度は包丁をトぐ。
47 海にノゾむ民宿に泊まった。
48 決戦を前にして皆フルい立った。
49 ふとんのマルアラいを頼んだ。
50 ユエのない中傷はされたくない。

23 組閣
24 談笑
25 通勤
26 転居
27 同窓会
28 難題
29 俳句
30 晩秋
31 品格
32 包囲
33 保障
34 面目
35 容易
36 立腹

37 頭金
38 泉
39 敬
40 訪
41 競
42 断
43 退
44 供
45 民
46 研
47 臨
48 奮
49 丸洗
50 故

第4日 (1)

読み

時間 15分　合格 35

得点　1回目　/50　2回目　/50

● 次の――線の読みをひらがなで記せ。

1 彼女は私の知り合いの令嬢だ。
2 大きな岩を掘削する。
3 最初は他人の模倣から始めよう。
4 娯楽といえばテレビだけだった。
5 この本には架空の人物が登場する。
6 祖国では紛争が続いている。
7 試合中、相手の顔を凝視する。
8 祖母はとても慈悲深い女性だ。
9 寺院の鐘楼に登る。
10 チームは優勝の栄冠を獲得した。
11 彼は長い間病魔と闘っている。
12 新政府が暴動を鎮圧する。
13 ずっと耐乏生活を送ってきた。
14 彼の仕事も軌道に乗り始めた。
15 この試合で雪辱を果たしたい。
16 国会議員の不正行為を暴露する。
17 春の人事異動で昇進する予定だ。
18 子どもがアユの稚魚を放流する。
19 制止を振り切りデモを敢行する。
20 販売促進のための宣伝活動。
21 君の行動は酔狂にもほどがある。
22 彼のその言動には幻滅した。

解答

1 れいじょう　2 くっさく　3 もほう　4 ごらく　5 かくう　6 ふんそう　7 ぎょうし　8 じひ　9 しょうろう　10 えいかん　11 びょうま

12 ちんあつ　13 たいぼう　14 きどう　15 せつじょく　16 ばくろ　17 しょうしん　18 ちぎょ　19 かんこう　20 そくしん　21 すいきょう　22 げんめつ

23 幼いころを回顧し、涙ぐむ。
24 ペンキがはげたので塗装する。
25 陶器でできた香炉を使用する。
26 予算が膨張して金が足りない。
27 優勝を目指して気炎を揚げる。
28 申し出が受諾されたとのことだ。
29 私は煮炊きが得意ではない。
30 船が浅瀬に乗り上げてしまう。
31 提出物を添削して返却する。
32 自由を抑圧された歴史がある。
33 掲揚された国旗を見る。
34 海の見える丘に埋葬する。
35 山岳部に入り、登山を楽しむ。
36 田舎暮らしに慣れてきた。

37 旅の支度をととのえて出発する。
38 吹雪の中を町までやって来た。
39 きれいなひもで荷物を結わえる。
40 前で話しているのが私の娘婿だ。
41 豚は食肉用として飼育される。
42 家賃が一年分も滞っている。
43 危険を冒してでもやり遂げる。
44 総理の親書を携えて渡航する。
45 武士の収入は石高による。
46 彼女は芸道を究めた第一人者だ。
47 子犬が飼い主を慕って歩く。
48 浮ついた気持ちで練習するな。
49 「裸の王様」の作者はアンデルセン。
50 銀行で円をドルに換える。

23 かいこ
24 とそう
25 こうろ
26 ぼうちょう
27 きえん
28 じゅだく
29 にた
30 あさせ
31 てんさく
32 よくあつ
33 けいよう
34 まいそう
35 さんがく
36 いなか
37 したく
38 ふぶき
39 ゆ
40 むすめむこ
41 ぶた
42 とどこお
43 おか
44 たずさ
45 こくだか
46 きわ
47 した
48 うわ
49 はだか
50 か

第4日 (2)

熟語の構成、漢字と送りがな

時間 20分
合格 28

得点
1回目 /40
2回目 /40

● 熟語の構成のしかたには次のようなものがある。

ア 同じような意味の漢字を重ねたもの (岩石)
イ 反対または対応の意味を表す字を重ねたもの (高低)
ウ 上の字が下の字を修飾しているもの (洋画)
エ 下の字が上の字の目的語・補語になっているもの (着席)
オ 上の字が下の字の意味を打ち消しているもの (非常)

次の熟語は右のア～オのどれにあたるか、一つ選び、記号で答えよ。

1 哀歓
2 平穏
3 岐路
4 解雇
5 賢愚

6 摂取
7 不遇
8 投獄
9 濫造
10 処世

11 安穏
12 伸縮
13 娯楽
14 稚魚
15 未納

解答

1 イ
2 ア
3 ウ
4 エ
5 イ
6 ア
7 オ
8 エ
9 ウ
10 エ
11 ア
12 イ
13 ア
14 ウ
15 オ

● 次の——線のカタカナを漢字一字と送りがな（ひらがな）に直せ。

〈例〉問題にコタエル。 答える

1 来年には大統領を日本にマネク。
2 活躍した選手に質問をアビセル。
3 素直にアヤマラない人はだめだ。
4 友だちをウシナウことになるよ。
5 説明をオギナウ必要がある。
6 オサナイころからの知り合いだ。
7 芸術家への道をココロザス。
8 申し出をきっぱりとコトワル。
9 彼には絶対にサカラウな。
10 長年の師から秘伝をサズカッた。
11 自分をセメルのはよくないよ。
12 事実から目をソムケルな。
13 柳の枝が池の上にタレル。
14 足の踏み場もなくチラカル。
15 熱い思いを胸にヒメル。
16 兄はいつもホガラカだ。
17 事故はマッタクの偶然だった。
18 老後はヤスラカナ暮らしだった。
19 台風で荒波が海岸にヨセル。
20 ロはワザワイの元と言われる。
21 ヒヤカシに店をのぞいた。
22 法のサバキを受ける結果になる。
23 母は一か月に一度は髪をソメル。
24 イサマシイ太鼓の音が聞こえる。
25 出席をシイルことはしないよ。

解答

1 招く
2 浴びせる
3 謝ら
4 失う
5 補う
6 幼い
7 志す
8 断る
9 逆らう
10 授かっ
11 責める
12 背ける
13 垂れる
14 散らかる
15 秘める
16 朗らか
17 全く
18 安らかな
19 寄せる
20 災い
21 冷やかし
22 裁き
23 染める
24 勇ましい
25 強いる

第4日 (3)

書き取り

時間20分 合格35

得点 1回目 /50 2回目 /50

● 次の――線のカタカナを漢字に直せ。

1 重要アンケンについて審議する。
2 日本人ウチュウ飛行士の活躍。
3 裕《ゆう》福なカイソウの人々が集まる。
4 当方にはカシツがないと思う。
5 それはカンカできない問題だ。
6 要点のみカンメイに述べなさい。
7 青をキチョウとした作品である。
8 キョヨウ範囲を超えている。
9 国際会議のケイゴにあたる。
10 病院では毎朝ケンオンがある。
11 大学で英文学のコウギを受けた。
12 これはゴクジョウの品物です。
13 広大な砂漠《ばく》がサイゲンなく続く。
14 サツタバを積まれても売らない。
15 ジキュウリョクをつけなさい。
16 シッサクを重ねたので退陣した。
17 ジュウセキをになうことになった。
18 運動会は明日にジュンエンする。
19 厳しいショブンが言い渡された。
20 湖はシンピテキな感じがする。
21 あまりの衝撃でゼックする。
22 ゼンリョウな市民になりなさい。

解答

1 案件 2 宇宙 3 階層 4 過失 5 看過 6 簡明 7 基調 8 許容 9 警護 10 検温 11 講義

12 極上 13 際限 14 札束 15 持久力 16 失策 17 重責 18 順延 19 処分 20 神秘的 21 絶句 22 善良

☐ 23 住宅のソンショウが激しい。
☐ 24 ダンソウ地震が起こった。
☐ 25 努力不足をツウセツに感じた。
☐ 26 テンケイ的な風邪の症《しょう》状だ。
☐ 27 トウハを越えて問題にあたる。
☐ 28 学級ニッシは職員室に置くこと。
☐ 29 お手紙をハイケンしました。
☐ 30 この議案は最後にヒケツされた。
☐ 31 今の知識ではヒンジャクすぎる。
☐ 32 ボウキョウの念に駆られた。
☐ 33 ホソクしていただけませんか。
☐ 34 時間をかけたメンミツな計画。
☐ 35 このヨウインをきちんと調べろ。
☐ 36 新しいリョウイキを開拓する。

☐ 37 アツデのセーターを編んでいる。
☐ 38 山のイタダキから平野を眺《なが》めた。
☐ 39 ウラヅけのない話は信用できぬ。
☐ 40 この村ではカイコが飼われていた。
☐ 41 繭《まゆ》からキヌイトをとる仕事だ。
☐ 42 歓迎のコバタをいっせいに振る。
☐ 43 シルシをつけた所に置きなさい。
☐ 44 運動会にソナえて練習を重ねた。
☐ 45 波止場から釣《つ》り糸をタらす老人。
☐ 46 母からの宅配便がトドいた。
☐ 47 そっと手を差しノべた。
☐ 48 彼女はフルカブの社員である。
☐ 49 木のミキにセミがとまっている。
☐ 50 食卓にユザましを置いておく。

---

23 損傷
24 断層
25 痛切
26 典型
27 党派
28 日誌
29 拝見
30 否決
31 貧弱
32 望郷
33 補足
34 綿密
35 要因
36 領域

37 厚手
38 頂
39 裏付
40 蚕
41 絹糸
42 小旗
43 印
44 備
45 垂
46 届
47 伸(延)
48 古株
49 幹
50 湯冷

第5日 (1)

読み

時間 15分　合格 35

得点　1回目 /50　2回目 /50

● 次の——線の読みをひらがなで記せ。

1 霊峰高野山を訪ねる旅に出る。
2 だれからも束縛されない生活だ。
3 怠慢な生活を改める。
4 兄は港湾事務所に勤めている。
5 彼は最高の処遇を受けた。
6 いよいよ今日彼の船が出帆する。
7 美しい景色に詠嘆の声を上げる。
8 彼には何か魂胆があるらしい。
9 医師の注意を守り、摂生する。
10 この上ない屈辱を受ける。
11 この辺で暫時休憩しませんか。
12 怒りの感情を抑制する。
13 強い風を受けて船は転覆した。
14 決死の覚悟で初仕事に取り組む。
15 発酵食品を摂取すると体によい。
16 鶏卵を産地に買いに出かけた。
17 軽はずみな行動を陳謝する。
18 畜産農家から仕入れた乳製品。
19 何日も漂流して島に着いた。
20 祖父の危篤の知らせを受ける。
21 ホルモンは血液中に分泌される。
22 この企画で秋の商戦を乗り切る。

解答

1 れいほう
2 そくばく
3 たいまん
4 こうわん
5 しょぐう
6 しゅっぱん
7 えいたん
8 こんたん
9 せっせい
10 くつじょく
11 ざんじ
12 よくせい
13 てんぷく
14 かくご
15 はっこう
16 けいらん
17 ちんしゃ
18 ちくさん
19 ひょうりゅう
20 きとく
21 ぶんぴつ（ぶんぴ）
22 きかく

23 諮問委員会から答申が出される。
24 リストラの影響で解雇される。
25 彼は倹約家で知られている。
26 突貫工事で建物を完成させる。
27 酒の飲み過ぎで尿意を催す。
28 定められた運命を甘受する。
29 神社の祭礼で奉納ずもうを行う。
30 締め切り前で焦燥にかられる。
31 任務を遂行し、地球に戻《もど》る。
32 地下に眠る埋蔵金を掘り当てる。
33 作者の思いが凝縮された場面だ。
34 彼には面目躍如の出来事だった。
35 旅行の土産に人形を購《こう》入する。
36 剣道の竹刀を振り回して暴れる。

37 災い転じて福となす
38 胸板の厚いたくましい男性。
39 朝顔の双葉がすくすくと育つ。
40 会場に華やいだ空気が流れる。
41 乳母車に乗った赤ちゃん。
42 まだまだ若くて経験に乏しい。
43 校舎の耐震工事を請け負う。
44 傷口を包帯で縛っておこう。
45 藤原氏が栄華を極めた時代だ。
46 彼は異動先の地へ赴いた。
47 初志を貫いて夢をかなえた。
48 悪徳商人にまんまと欺かれる。
49 この格好では凍え死んでしまう。
50 卒業写真で少年時代を顧みる。

---

23 しもん
24 かいこ
25 けんやく
26 とっかん
27 にょうい
28 かんじゅ
29 ほうのう
30 しょうそう
31 すいこう
32 まいぞう
33 ぎょうしゅく
34 やくじょ
35 みやげ
36 しない

37 わざわ
38 むないた
39 ふたば
40 はな
41 うば
42 とぼ
43 う
44 しば
45 きわ
46 おもむ
47 つらぬ
48 あざむ
49 こご
50 かえり

第5日 (2)

同音・同訓異字、四字熟語

時間 20分　合格 26

得点　1回目　/36　2回目　/36

● 次の——線のカタカナにあてはまる漢字をそれぞれのア～オから一つ選び、記号で答えよ。

1 ラジオ講座をキいて英語を楽しむ。
2 この薬はとてもキき目がよい。
3 彼は非常にキまじめな性格だ。
（ア効　イ聴　ウ生　エ希　オ利）

4 これをケイ機にひと頑張りしよう。
5 伝統芸能のケイ承者を育てる。
6 人権ケイ発活動に参加する。
（ア契　イ継　ウ啓　エ敬　オ警）

7 都市近コウの住宅地に住む。
8 鉱山のコウ内で火災が起こる。
9 コウ妙な手口で空き巣に入られる。
（ア功　イ巧　ウ坑　エ抗　オ郊）

10 画壇の巨ショウと呼ばれた芸術家。
11 不安定な社会に警ショウを鳴らす。
12 実態をしっかりショウ握する。
（ア掌　イ唱　ウ障　エ鐘　オ匠）

13 人事異動でショウ進する。
14 試合中に負ショウした。
15 車のショウ突事故に巻き込まれる。
（ア傷　イ衝　ウ賞　エ昇　オ焦）

16 子どものころの純スイな気持ち。
17 クラシック音楽に心スイする。
18 台風の勢力がスイ退する。
（ア遂　イ推　ウ衰　エ粋　オ酔）

解答

1 イ　2 ア　3 ウ　4 ア　5 イ　6 ウ　7 オ　8 ウ　9 イ
10 オ　11 エ　12 ア　13 エ　14 ア　15 イ　16 エ　17 オ　18 ウ

● 文中の四字熟語の——線のカタカナを漢字に直せ。

1 恐怖心は疑心アンキを生ずる。

2 キソウ天外な考えを思いつく。

3 キュウテン直下、解決をみる。

4 ギョクセキ混淆のチーム編成。

5 いよいよ反撃のコウキ到来だ。

6 コウゲン令色は信用を失う。

7 コジョウ落日の思いが募る。

8 コック勉励の末、大学に入る。

9 君の行為は言語ドウダンだ。

10 三寒シオンの天候が続く。

11 試行サクゴを繰り返して作る。

12 失望ラクタンの色を隠せない。

13 ジボウ自棄に陥る。

14 縦横ムジンに活躍する。

15 終始イッカン反対し続ける。

16 衆人カンシの中で実演する。

17 シュシャ選択してまとめる。

18 順風マンパンの人生だ。

解答

1 疑心暗鬼《ぎしんあんき》 疑いがいろいろな不安を呼ぶこと。

2 奇想天外《きそうてんがい》 普通の人の思いもつかない考え。

3 急転直下《きゅうてんちょっか》 事態が急変して解決に向かうこと。

4 玉石混淆《ぎょくせきこんこう》 よい物と悪い物が入りまじること。

5 好機到来《こうきとうらい》 よい機会がやってくること。

6 巧言令色《こうげんれいしょく》 巧みな言葉で人にへつらうこと。

7 孤城落日《こじょうらくじつ》 勢いが衰えて心細く頼りないこと。

8 刻苦勉励《こっくべんれい》 心身を苦しめて努力すること。

9 言語道断《ごんごどうだん》 もってのほか。

10 三寒四温《さんかんしおん》 早春のころの寒暖の繰り返し。

11 試行錯誤《しこうさくご》 失敗を重ねながら目的に近づくこと。

12 失望落胆《しつぼうらくたん》 あてが外れてがっかりすること。

13 自暴自棄《じぼうじき》 やけになること。

14 縦横無尽《じゅうおうむじん》 物事を思う存分行うこと。

15 終始一貫《しゅうしいっかん》 始めから終わりまで変わらぬこと。

16 衆人環視《しゅうじんかんし》 多くの人が取り巻き見ていること。

17 取捨選択《しゅしゃせんたく》 必要な物だけを選び取ること。

18 順風満帆《じゅんぷうまんぱん》 物事が順調に運ぶさま。

第5日 (3)

書き取り

時間 20分　合格 35

得点　1回目 /50　2回目 /50

● 次の——線のカタカナを漢字に直せ。

1 事業は県から市にイカンする。
2 電車のウンチンをカードで払う。
3 カイテキな暮らしを約束する。
4 毎年、固定資産にカゼイされる。
5 母はカンゲキして涙を流した。
6 夜通しのカンビョウで治った。
7 これはキチョウな資料である。
8 バス料金はキンイツにしている。
9 踏切の前で電車のケイテキが鳴る。
10 力のゲンカイを感じて引退した。
11 コウキョでの一般参賀に行く。
12 東北有数のコクソウ地帯である。
13 庁舎建築のためのザイゲンだ。
14 コーヒーにサトウを入れる。
15 犯人のジキョウが得られた。
16 彼は数々のジッセキをもつ。
17 書画をシュウゾウする部屋だ。
18 彼のジュンシンな心を傷つけた。
19 迷惑をかけジョメイ処分となる。
20 時間がスイイすれば変わる。
21 君と僕《ぼく》とでセッパンしよう。
22 新入部員が特訓のセンレイを受けた。

解答

1 移管　2 運賃　3 快適　4 課税　5 感激　6 看病　7 貴重　8 均一　9 警笛　10 限界　11 皇居
12 穀倉　13 財源　14 砂糖　15 自供　16 実績　17 収蔵　18 純真　19 除名　20 推移　21 折半　22 洗礼

- 23 国のソンボウにかかわる事件だ。
- 24 自宅をタンポにしたローンだ。
- 25 ツミのない人を苦しめるな。
- 26 クーラーのデンゲンを入れる。
- 27 白熱したトウロンが長時間続く。
- 28 ニュウシは十歳前後で抜ける。
- 29 ハイゴからねらわれている。
- 30 これを解決するヒサクがある。
- 31 ビンジョウ値上げはしていない。
- 32 デパートのホウソウ紙は美しい。
- 33 態度をホリュウにしておきたい。
- 34 人体モケイを使って説明をした。
- 35 母はヨウサイの仕事をしている。
- 36 リンカイ工業地帯の一つだ。
- 37 アナグラのような所に隠れる。
- 38 父が開業をして現在にイタる。
- 39 思いとはウラハラな結果だ。
- 40 我が家でも犬をカうつもりだ。
- 41 しつけのキビしい家庭で育つ。
- 42 私腹をコやすことはするな。
- 43 やっかいなシロモノをつかんだ。
- 44 夕日を浴びて湖は赤くソまった。
- 45 危険な動物なのでチカヨるな。
- 46 喜びで何度も万歳をトナえた。
- 47 祖母はハオリを着て外出した。
- 48 ベニイロの芋で作ったお菓子。
- 49 観光客をミチビいて古都を巡る。
- 50 最後まで得点をユルさなかった。

23	24	25	26	27	28	29	30	31	32	33	34	35	36
存亡	担保	罪	電源	討論	乳歯	背後	秘策	便乗	包装	保留	模型	洋裁	臨海

37	38	39	40	41	42	43	44	45	46	47	48	49	50
穴蔵	至	裏腹	飼	厳	肥	代物	染	近寄	唱	羽織	紅色	導	許

第6日 (1)

読み

時間 15分
合格 35

● 次の——線の読みをひらがなで記せ。

1 明けの明星を見上げる。
2 退職後は嘱託として働いている。
3 疑いが晴れ無罪放免となる。
4 教員定数増の陳情を行う。
5 屈託のない笑顔に慰められる。
6 暫定的な取り決めがなされる。
7 ジェンナーは種痘法を発明した。
8 ここは両国の緩衝地帯である。
9 絶滅の危機にある動物を救う。
10 現在の課題は複雑多岐にわたる。
11 障害を克服し、社会で自立する。
12 承諾書にサインをしてください。
13 好意なのに邪推してはいけない。
14 最悪の事態だけは忌避したい。
15 大事な書類を封印する。
16 野蛮な行為は慎むべきだ。
17 森林が伐採され自然が壊される。
18 抑揚のない話し方が眠気を誘う。
19 久しぶりに墳墓の地を訪れる。
20 廉価で販売された商品を買う。
21 荒れ地を開墾して畑を作った。
22 彼は会社で優遇されている。

得点
1回目 /50
2回目 /50

解答

1 みょうじょう
2 しょくたく
3 ほうめん
4 ちんじょう
5 くったく
6 ざんてい
7 しゅとう
8 かんしょう
9 ぜつめつ
10 たき
11 こくふく
12 しょうだく
13 じゃすい
14 きひ
15 ふういん
16 やばん
17 ばっさい
18 よくよう
19 ふんぼ
20 れんか
21 かいこん
22 ゆうぐう

23 社会から隔絶されたところだ。
24 突如として部外者が現れる。
25 国体出場の選手を激励する。
26 債権団体の取り立てが厳しい。
27 公衆の面前で恥辱を受ける。
28 裁判所は控訴を棄却した。
29 土砂災害で家屋が埋没する。
30 どんどん体が衰弱していく。
31 陶器の皿を割ったのは私だ。
32 彼のしたことは脅迫罪に値する。
33 病気の進行を阻止する。
34 乙女心がわからない人だ。
35 悪巧みをしてもすぐにばれるよ。
36 二十年の歳月を隔てて再会する。

37 花婿は幸せそうに笑っている。
38 山あいを縫って高原バスが走る。
39 治療には少々痛みを伴うだろう。
40 寸法どおりに布地を裁つ。
41 掃除に使うぞうきんを強く絞る。
42 公園の芝生が青々としている。
43 愚かなことをしてしまった。
44 心よりお悔やみ申し上げます。
45 私は穴埋め問題が得意だ。
46 凍えるような寒さの毎日が続く。
47 いつも笑顔のすてきな女性だ。
48 最初に掲げたテーマで話し合う。
49 彼女は平成の歌姫と呼ばれる。
50 白球は弧を描いてスタンドへ。

23 かくぜつ
24 とつじょ
25 げきれい
26 さいけん
27 ちじょく
28 こうそ
29 まいぼつ
30 すいじゃく
31 とうき
32 きょうはく
33 そし
34 おとめ
35 わるだく
36 へだ

37 はなむこ
38 ぬ
39 ともな
40 た
41 しぼ
42 しばふ
43 おろ
44 く
45 あなう
46 こご
47 えがお
48 かか
49 うたひめ
50 こ

第6日 (2)

漢字識別、誤字訂正

時間 20分
合格 23

得点
1回目 /32
2回目 /32

●次の1～5の三つの□に共通する漢字を入れて熟語を作れ。漢字は下のア～コから一つ選び、記号で答えよ。

(1)

1 潔□・難□・寝□
2 □霊・□玄・□閉
3 □述・□列・□腐
4 突□・□流・□通
5 □出・□象・□選

ア 陳　イ 口　ウ 精　エ 癖　オ 具
カ 幽　キ 台　ク 抽　ケ 破　コ 貫

(2)

1 □実・危□・□志家
2 早□・□木・□代
3 □除・赦□・□税
4 □健・□和・平□
5 □学・□理・変□

ア 技　イ 篤　ウ 免　エ 得　オ 苗
カ 勉　キ 哲　ク 課　ケ 親　コ 穏

(3)

1 □談・奇□・□歎
2 □別・哀□・□敗
3 連□・□行・必□
4 □況・□算・□念
5 □結・□傷・冷□

ア 惜　イ 野　ウ 完　エ 概　オ 盛
カ 房　キ 怪　ク 絡　ケ 凍　コ 携

(4)

1 追□・□所・□筆
2 □劣・暗□・□問
3 □致・勧□・□導
4 □年・□離・間□
5 □除・□斥・□他

ア 跡　イ 隔　ウ 随　エ 誘　オ 格
カ 雄　キ 敗　ク 愚　ケ 排　コ 優

解答

(1) 1 エ　2 カ　3 ア　4 コ　5 ク
(2) 1 イ　2 オ　3 ウ　4 コ　5 キ
(3) 1 キ　2 ア　3 コ　4 エ　5 ケ
(4) 1 ウ　2 ク　3 エ　4 イ　5 ケ

● 次の各文にまちがって使われている同じ読みの漢字が一字ある。上に誤字を、下に正しい漢字を記せ。

1 改革を図るには、その仮渡期に不可避的に生じる混乱を乗り越えよ。

2 起伏に富んだ雄大な形観が人気を呼び、多数の観光客が訪れる。

3 冒険家は、長年の念願であった単独での太平洋横断に成巧した。

4 詳採な報告は省略し、議論の要点のみを簡潔にまとめればよい。

5 秋は穀類や果物の集穫の季節であり、直売所は多くの人で混雑する。

6 消費者の需要を把握した製品を提供し、会社は見事な躍振を遂げた。

7 母校の創立百周年記念式典に合わせて同想会名簿を作り配付した。

8 叔父は海外出帳が多く、営業成績を厳しく問われる部署にいる。

9 緊急事態にも微導だにせず的確に指示する上司は部下の信頼が厚い。

10 不用意な批較は、当事者の意欲低下を招くので留意されたい。

11 発掘調査の結果、複葬品の中に生前愛用した珍しい調度があった。

12 展覧会の誘待券を持参すれば、一般料金よりも割安で鑑賞できる。

解答

1 仮・過
2 形・景
3 巧・功
4 採・細
5 集・収
6 振・進
7 想・窓
8 帳・張
9 導・動
10 批・比
11 複・副
12 誘・優

第6日 (3) 書き取り

時間20分 合格35

得点 1回目 /50 2回目 /50

● 次の——線のカタカナを漢字に直せ。

1 参加することにイギがある大会。
2 この町のエンカクを調べている。
3 候補者のガイトウ演説があった。
4 被災者はカセツ住宅に移り住む。
5 もっとカンケツにまとめなさい。
6 カンレイに従って座長を務める。
7 私に対するギネンが晴れた。
8 ギンガケイの直径は約十万光年。
9 彼は青ケイトウの服が好きだ。
10 彼はケンシキが高い人物だ。
11 今のうちに親コウコウしなさい。
12 ゴクヒの文書を手に入れた。
13 この値段ではサイサンが合わぬ。
14 毎朝、城の周りをサンサクする。
15 シキョウヒンとして配っている。
16 彼の発言はシトウである。
17 北米をジュウダンする旅に出た。
18 新しい生活にジュンノウした。
19 教育のショモンダイを解決する。
20 高いスイジュンの技術力がある。
21 セツビ投資にかなりかかった。
22 高校入学当時をソウキする。

解答

1 意義　2 沿革　3 街頭　4 仮設　5 簡潔　6 慣例　7 疑念　8 銀河系　9 系統　10 見識　11 孝行

12 極秘　13 採算　14 散策　15 試供品　16 至当　17 縦断　18 順応　19 諸問題　20 水準　21 設備　22 想起

23 父のゾンメイ中に世話になった。
24 レストランのタンボウ記を書く。
25 新たな問題がテイキされている。
26 お城のテンシュカクに登る。
27 彼はドキョウのすわった人だ。
28 資格のニンテイを受ける。
29 お知恵をハイシャクいたします。
30 家族のためヒッシになって働く。
31 ヒンプの差の大きい国がある。
32 彼はホウドウ記者である。
33 長年の願いがかないホンモウだ。
34 高い値段でモゾウ品を買った。
35 祖父はヨウサンギョウを営む。
36 ついにリンジュウの時を迎えた。

37 彼は常に脚光をアびている。
38 社会はイチジルしく進展した。
39 許可をウることは容易ではない。
40 我が身をカエリみて深く恥じた。
41 父はたいへんキムズカしい人だ。
42 自由にごランになってください。
43 スコやかにお過ごしください。
44 主君にソムいて殺害された。
45 緊張して腕がチヂこまる。
46 彼は一代で大きなトミを築いた。
47 彼岸には父のハカマイりをする。
48 子どもの数がへって廃校《はい》になる。
49 川のミナモトを探る旅に出る。
50 新緑のワカメがまぶしい四月。

---

23 存命
24 探訪
25 提起
26 天守閣
27 度胸
28 認定
29 拝借
30 必死
31 貧富
32 報道
33 本望
34 模造
35 養蚕業
36 臨終

37 浴
38 著
39 得
40 省(顧)
41 気難
42 覧
43 健
44 背
45 縮
46 富
47 墓参
48 減
49 源
50 若芽

第7日 (1)

読み

時間 15分
合格 35
得点
1回目　/50
2回目　/50

● 次の――線の読みをひらがなで記せ。

1 自然の摂理に従って生活する。
2 学校と地域が連携して教育する。
3 図書館の本の返却を催促される。
4 心にある邪念を振り払いなさい。
5 虚勢を張ってもむだだと知る。
6 道徳心の欠如が問題視される。
7 道を究めるため、日々精進する。
8 彼と人生の哀歓を共にしてきた。
9 課長が公文書を校閲する。
10 今回の選挙は仕方なく棄権した。
11 この家の礎石は強固である。
12 路面が凍結して滑りやすい。
13 大地震で家屋が崩壊する。
14 この本は閲覧コーナーにある。
15 無事に帰った子どもを抱擁する。
16 二者択一の問題が出題された。
17 気に入った部分を抜粋する。
18 窒素は無色無臭《しゅう》の気体である。
19 突拍子もないことを言い出した。
20 冗談で言うものじゃない。
21 土砂崩れのため国道を封鎖する。
22 私は岳父の会社で勤めている。

解答

1 せつり
2 れんけい
3 へんきゃく
4 じゃねん
5 きょせい
6 けつじょ
7 しょうじん
8 あいかん
9 こうえつ
10 きけん
11 そせき
12 とうけつ
13 ほうかい
14 えつらん
15 ほうよう
16 たくいつ
17 ばっすい
18 ちっそ
19 とっぴょうし
20 じょうだん
21 ふうさ
22 がくふ

23 これを契機に皆で取り組もう。
24 悔恨の情が次々にわいてくる。
25 狩猟民族は山野を駆け巡る。
26 我が県は起伏に富んだ地形だ。
27 彼は将来を嘱望された青年だ。
28 彼は克明に観察記録をつける。
29 第一次産業が衰退して久しい。
30 最近彼は詩作に沈潜している。
31 自分を勘定に入れずに対応する。
32 環境保護のため濫獲を禁止する。
33 慈愛に満ちた目で我が子を見る。
34 息子は今年三十歳になった。
35 風邪を引いたようで、熱がある。
36 甘い菓子にアリが群がっている。

37 彼女はいつも朗らかな女性だ。
38 衣類のほころびを繕う。
39 花嫁は白いドレスを身にまとう。
40 海に潜って魚を捕まえる。
41 レモンをぎゅっと搾って飲む。
42 パンにバターを塗って食べる。
43 行く春を惜しむように桜が散る。
44 きれいな景色の写真を撮る。
45 怪しい人影がモニターに映る。
46 彼の企ては失敗に終わった。
47 この漫画は殊におもしろい。
48 彼は促されるように入ってきた。
49 音楽を聴いて気を紛らわせる。
50 合格の知らせに躍り上がった。

---

23 けいき
24 かいこん
25 しゅりょう
26 きふく
27 しょくぼう
28 こくめい
29 すいたい
30 ちんせん
31 かんじょう
32 らんかく
33 じあい
34 むすこ
35 かぜ
36 むら

37 ほが
38 つくろ
39 はなよめ
40 もぐ
41 しぼ
42 ぬ
43 お
44 と
45 あや
46 くわだ
47 こと
48 うなが
49 まぎ
50 おど

第7日 (2)

部首、対義語・類義語

時間 20分
合格 26

得点
1回目 /36
2回目 /36

● 次の漢字の部首をア～エから一つ選び、記号で答えよ。

1 緊（ア 臣　イ 又　ウ 幺　エ 糸）
2 郷（ア 幺　イ ノ　ウ 日　エ 阝）
3 嬢（ア 亠　イ 女　ウ 一　エ 衣）
4 殊（ア 矢　イ 歹　ウ 二　エ 木）
5 葬（ア 艹　イ 歹　ウ 匕　エ 一）
6 獄（ア 犭　イ 言　ウ 犬　エ 丶）
7 衰（ア 亠　イ 一　ウ 日　エ 衣）
8 票（ア 一　イ 西　ウ 示　エ 八）
9 尊（ア 一　イ 西　ウ 寸　エ 丶）
10 奏（ア 一　イ 二　ウ 人　エ 大）
11 墾（ア ノ　イ ⺤　ウ 土　エ 艮）
12 拘（ア 扌　イ ノ　ウ 勹　エ 口）
13 既（ア 日　イ 艮　ウ ノ　エ 旡）
14 伐（ア 一　イ 亻　ウ 戈　エ ノ）
15 暮（ア 艹　イ 一　ウ 日　エ 大）
16 卸（ア ノ　イ 止　ウ 二　エ 卩）
17 廉（ア 广　イ 一　ウ 二　エ 木）
18 削（ア ⺌　イ 月　ウ ⺍　エ 刂）

解答

1	2	3	4	5	6	7	8	9
エ	エ	イ	イ	ア	ア	エ	ウ	ウ

10	11	12	13	14	15	16	17	18
エ	ウ	ア	エ	イ	ウ	エ	ア	エ

● 後の□内のひらがなを漢字に直して□に入れ、対義語・類義語を作れ。□内のひらがなは一度だけ使い、一字記せ。

対義語

1 遠隔 ― □接
2 虐待 ― 愛□
3 強情 ― 従□
4 自由 ― □縛
5 承諾 ― 辞□
6 追加 ― 削□
7 保守 ― □新
8 劣悪 ― 優□
9 浪費 ― 倹□

類義語

10 加勢 ― □援
11 高慢 ― □大
12 潤沢 ― □富
13 怠慢 ― 横□
14 傍観 ― 座□
15 憂慮 ― □配
16 傾向 ― 風□
17 使命 ― 責□
18 陰謀 ― □略

おう・かく・きん・げん・ご・さく・し・じゅん・しん・そく
そん・たい・ちゃく・ちょう・ほう・む・やく・りょう

解答

1 近　2 護　3 順　4 束　5 退　6 減　7 革　8 良　9 約
10 応　11 尊　12 豊　13 着　14 視　15 心　16 潮　17 務　18 策

第7日(3)

書き取り

時間 20分 合格 35

得点 1回目 /50 2回目 /50

● 次の——線のカタカナを漢字に直せ。

1 そんなイクジなしでは困る。
2 学校のエンゲキ部に入っている。
3 父の容態はカイフクしつつある。
4 カダイ評価をしないでくれ。
5 一晩中病人のカンゴをした。
6 キカク外の製品なので安くする。
7 力を十分にハッキすれば勝てる。
8 祭りにはキンゴウから人が来る。
9 彼の努力はケイフクに値するよ。
10 ゲンセイな審査結果を発表する。
11 コウゴウ陛下のお顔を拝見する。
12 畑では主にコクモツを作った。
13 昔のブームがサイネンした。
14 高山にサンソボンベを持参する。
15 教室ではシゴは慎みなさい。
16 近所のジビカで診《み》てもらった。
17 解決に向けてシュウチを集める。
18 ショウガイのある人を助ける。
19 豚にやる混合シリョウを作る。
20 大量のスイジョウキが発生した。
21 国家の独立をセンゲンする。
22 隣家は家庭内ソウギが絶えない。

解答

1 意気地
2 演劇
3 回(快)復
4 過大
5 看護
6 規格
7 発揮
8 近郷
9 敬服
10 厳正
11 皇后
12 穀物
13 再燃
14 酸素
15 私語
16 耳鼻科
17 衆知
18 障害
19 飼料
20 水蒸気
21 宣言
22 争議

23 非常事態に冷静にタイショした。
24 周りより水温が高いダンリュウ。
25 人目を気にしてテイサイを繕う。
26 デンセン病が拡大する。
27 ドクサイ者として長く君臨した。
28 自分のニンムをきちんと果たす。
29 芭蕉《ばしょう》は江戸《えど》時代のハイジンだ。
30 失敗するのはヒツジョウだ。
31 規律を重んじるフウチョウ。
32 国境をボウビするための兵。
33 具体例をマイキョするとよい。
34 拾得物はモヨりの交番に届ける。
35 彼女はヨウシの整った人である。
36 ルイジ品に注意しなさい。

37 今年もアマすところ三日となる。
38 日々のイトナみに追われている。
39 いつもエガオがきれいな人だ。
40 現金をカキトメで送る。
41 両国の関係はキワめて良好だ。
42 生死のサカイをさまよっている。
43 君に言われるスジアいはない。
44 髪をソめた人が元に戻《もど》す。
45 航空ショーのチュウガエり飛行。
46 神社のトリイをくぐり参拝した。
47 政権奪回のハタジルシ。
48 洋服にハえるネクタイだ。
49 長年のご恩にムクいるつもりだ。
50 レモンのワギりを料理にのせる。

23 対処　24 暖流　25 体裁　26 伝染　27 独裁　28 任務　29 俳人　30 必定　31 風潮　32 防備　33 枚挙　34 最寄　35 容姿　36 類似

37 余　38 営　39 笑顔　40 書留　41 極　42 境　43 筋合　44 染　45 宙返　46 鳥居　47 旗印　48 映　49 報　50 輪切

第8日 (1)

読み

時間15分　合格35

得点　1回目　/50　2回目　/50

● 次の――線の読みをひらがなで記せ。

1 歌会で和歌を朗詠する。
2 請願書を提出して救済を訴える。
3 砂利道を歩いて神社に参拝する。
4 念のため、薬を塗布しておこう。
5 この事業も完遂する時が来た。
6 旅先で嘱目した風景を描く。
7 教科書の採択に携わる。
8 くれぐれも粗相のないように。
9 遠隔操作の模型飛行機が飛ぶ。
10 江戸《えど》時代奉行所があった場所だ。
11 地獄のような毎日が続く。
12 母は吏員として勤務している。
13 互譲の精神を常に大切にしたい。
14 崩落の危険性がある道路を通る。
15 身の破滅を招かないようにする。
16 たきぎ能は幽玄な雰《ふん》囲気がある。
17 コンクールで佳作に入賞する。
18 昨日の取材内容が掲載される。
19 窒息しそうな重い空気が漂う。
20 営業妨害として訴えられる。
21 どちらも優秀で甲乙つけがたい。
22 本市開催のイベントに参加する。

解答

1 ろうえい
2 せいがん
3 じゃり
4 とふ
5 かんすい
6 しょくもく
7 さいたく
8 そそう
9 えんかく
10 ぶぎょう
11 じごく
12 りいん
13 ごじょう
14 ほうらく
15 はめつ
16 ゆうげん
17 かさく
18 けいさい
19 ちっそく
20 ぼうがい
21 こうおつ
22 かいさい

23 組織の潤滑油となって働いた。
24 友の死は哀惜の念に堪《た》えない。
25 この生物は珍重されている。
26 勝利を掌中に収めたところだ。
27 葉を裏返し、気孔を観察する。
28 卓越した技術を身につけている。
29 試合前に闘魂をみなぎらせる。
30 部下の要求を許諾する。
31 成功は研究員の努力の結晶だ。
32 子どもに対する虐待が疑われる。
33 浅薄な知識を振り回すな。
34 父は小児科医として働いている。
35 木綿の布地でパジャマを作る。
36 朽ちた木が倒れて道をふさぐ。

37 白梅の苗木を買って庭に植える。
38 彼の楽しい話で気が紛れる。
39 水が漏れて床がびしょびしょだ。
40 筆の穂先をまとめてから書く。
41 工夫を凝らした作品を展示する。
42 慎み深い優しさを持った女性だ。
43 穏やかな毎日が続いている。
44 水不足で田が干上がったようだ。
45 外国で強盗に金品を奪われる。
46 為替と株の値動きを報道する。
47 粘り強い性格は父親譲りだ。
48 粗い目のざるではこぼれる。
49 財布のひもを締めて生活する。
50 その選択は賢い判断だ。

---

23 じゅんかつ
24 あいせき
25 ちんちょう
26 しょうちゅう
27 きこう
28 たくえつ
29 とうこん
30 きょだく
31 けっしょう
32 ぎゃくたい
33 せんぱく
34 しょうにか
35 もめん
36 く

37 なえぎ
38 まぎ
39 も
40 ほさき
41 こ
42 つつし
43 おだ
44 ひあ
45 うば
46 かわせ
47 ねば
48 あら
49 し
50 かしこ

第8日 (2)

同音・同訓異字、四字熟語

時間20分　合格26

得点　1回目　/36　2回目　/36

● 次の――線のカタカナにあてはまる漢字をそれぞれのア～オから一つ選び、記号で答えよ。

1 底辺にスイ直な線を引く。
2 作者の考えをスイ量する。
3 映画音楽に陶スイする。
（ア推　イ酔　ウ粋　エ垂　オ睡）

4 断固としてソ止するつもりだ。
5 万全のソ置をとる体制で臨む。
6 物をソ末に扱ってはいけない。
（ア祖　イ阻　ウ措　エ疎　オ粗）

7 走者一ソウの長打を打つ。
8 乾ソウすると肌に悪い。
9 ソウ方の意見をよく聞こう。
（ア燥　イ掃　ウ双　エ装　オ壮）

10 交通事故が後をタたない。
11 寸法通りに布をタつ。
12 父はたばこをタつことにした。
（ア断　イ裁　ウ経　エ立　オ絶）

13 陸上競技でチョウ躍を選ぶ。
14 チョウ過料金を払ってもらう。
15 チョウ衆の涙を誘う講演。
（ア聴　イ徴　ウ超　エ跳　オ帳）

16 包丁をよくトいで料理する。
17 大事業を成しトげた先人。
18 修学旅行先で記念写真をトる。
（ア採　イ遂　ウ説　エ研　オ撮）

解答

1 エ	2 ア	3 イ	4 イ	5 ウ	6 オ	7 イ	8 ア	9 ウ
10 オ	11 イ	12 ア	13 エ	14 ウ	15 ア	16 エ	17 イ	18 オ

● 文中の四字熟語の――線のカタカナを漢字に直せ。

☐ 1 シンキ一転の境地で転居する。
☐ 2 ぜひシンザン幽谷を訪れたい。
☐ 3 運動でシンチン代謝を高める。
☐ 4 セイコウ雨読の生活を楽しむ。
☐ 5 清廉ケッパクを主張する。
☐ 6 人の個性はセンサ万別だ。
☐ 7 前人ミトウの偉業を達成する。
☐ 8 ゼント有望な青年に成長する。
☐ 9 千変バンカする様相。
☐ 10 ソウイ工夫した作品の展示。
☐ 11 率先スイハンして指導する。
☐ 12 これなら大義メイブンが立つ。
☐ 13 どの意見も大同ショウイだ。
☐ 14 タントウ直入に質問する。
☐ 15 テンペン地異が続いている。
☐ 16 どちらもドウコウ異曲だ。
☐ 17 君とはドウショウ異夢だ。
☐ 18 独断センコウで進めては困る。

解答

1 心機一転《しんきいってん》　すっかり気持ちが変わること。
2 深山幽谷《しんざんゆうこく》　山が深くて静かな谷。
3 新陳代謝《しんちんたいしゃ》　新しい物が古い物と代わること。
4 晴耕雨読《せいこううどく》　田園に閑居《かんきょ》し自適生活を送ること。
5 清廉潔白《せいれんけっぱく》　心が清くて汚れのないこと。
6 千差万別《せんさばんべつ》　種々様々に変わっていること。
7 前人未到《ぜんじんみとう》(踏)　まだだれもやっていないこと。
8 前途有望《ぜんとゆうぼう》　将来に見込みのあること。
9 千変万化《せんぺんばんか》　種々様々に変化すること。
10 創意工夫《そういくふう》　独創的な考えで工夫すること。
11 率先垂範《そっせんすいはん》　人に先立って模範を示すこと。
12 大義名分《たいぎめいぶん》　行動の基準となる道理。
13 大同小異《だいどうしょうい》　似たり寄ったり。
14 単刀直入《たんとうちょくにゅう》　いきなり本論に入ること。
15 天変地異《てんぺんちい》　自然界に起こる異常な現象。
16 同工異曲《どうこういきょく》　見かけは違うが中身が同じなこと。
17 同床異夢《どうしょういむ》　共に行動しながら意見が違うこと。
18 独断専行《どくだんせんこう》　自己の判断で勝手に事を行うこと。

第8日 (3)

書き取り

時間20分
合格35

得点
1回目 /50
2回目 /50

● 次の——線のカタカナを漢字に直せ。

1 四月イコウに引っ越しをする。

2 エンジュクした演技で知られる。

3 リーグ戦はまもなくカイマクだ。

4 悪事のカタボウを担《かつ》ぐな。

5 この雑誌は毎月カンコウされる。

6 この市のキカン産業は何ですか。

7 大キボな土木工事が行われた。

8 彼はキンコツたくましい青年だ。

9 暴風雨ケイホウが発令された。

10 今後の方針をケントウする会議。

11 銅のコウザンは閉鎖された。

12 米麦豆などのゴコクを奉納した。

13 サイフのひもは緩めるな。

14 今でもザンゾンする勢力がある。

15 ジシャクを使って実験をする。

16 思考力は高いとジフしている。

17 県民へのシュウチを図りたい。

18 病気はショウコウ状態にある。

19 すべて君のサイリョウに任せる。

20 相手の胸中をスイサツする。

21 ここの湯はセンシツが良い。

22 ゾウキ移植のための法律を作る。

解答

1 以降
2 円熟
3 開幕
4 片棒
5 刊行
6 基幹
7 規模
8 筋骨
9 警報
10 検討
11 鉱山
12 五穀
13 財布
14 残存
15 磁石
16 自負
17 周知
18 小康
19 裁量
20 推察
21 泉質
22 臓器

□ 23 訳文と原文とをタイショウする。
□ 24 けんかのチュウサイに入った。
□ 25 協会の設立をテイショウした。
□ 26 連絡事項のデンタツをします。
□ 27 その判断はトクサクではない。
□ 28 ヌノセイのおむつを使用する。
□ 29 鎌倉《かまくら》バクフが置かれていた所。
□ 30 相手をヒナンするのは簡単だ。
□ 31 これにはフクアンがある。
□ 32 ボウフの墓を月に一度は参る。
□ 33 けがをした指に包帯をマく。
□ 34 国会でヤトウが追及した。
□ 35 長女にヨウシを迎え入れた。
□ 36 諸国をレキホウして帰国した。

□ 37 アマヤドりをさせてください。
□ 38 盗人は顔を見られてイナオった。
□ 39 自らのオい立ちを語り始めた。
□ 40 互いに目のカタキにしている。
□ 41 白壁のクラのある家が見える。
□ 42 母の趣味はヨウサイだ。
□ 43 彼はスジガネ入りの活動家だ。
□ 44 あまり得意気に胸をソらすな。
□ 45 彼は別れをツげて去って行った。
□ 46 ゴミを完全に取りノゾいた。
□ 47 ハナラびを治してくれる医者だ。
□ 48 厚かましいにもホドがあるぞ。
□ 49 昨夜はムし暑くて眠れなかった。
□ 50 これはワリヤスな旅のプランだ。

---

23 対照
24 仲裁
25 提唱
26 伝達
27 得策
28 布製
29 幕府
30 非(批)難
31 腹案
32 亡夫
33 巻
34 野党
35 養子
36 歴訪

37 雨宿
38 居直
39 生
40 敵
41 蔵(倉)
42 洋裁
43 筋金
44 反
45 告
46 除
47 歯並
48 程
49 蒸
50 割安

第9日 (1)

読み

時間 15分
合格 35

得点
1回目 /50
2回目 /50

● 次の――線の読みをひらがなで記せ。

1 発想が陳腐でもの足りない。
2 現在のやり方を踏襲していこう。
3 祖母は裁縫が上手である。
4 この道路は徐行運転が必要だ。
5 さつまいもの収穫を手伝う。
6 将来は棋士として活躍したい。
7 人事異動により東京常駐となる。
8 人生の岐路に立ち進路を考える。
9 愛憎に満ちたドラマであった。
10 万全の措置をとって対応する。
11 紫紺の優勝旗を目指して戦う。
12 廊下を走らないようにしなさい。
13 今ごろ後悔してももう遅い。
14 彼は幽谷に分け入った。
15 急な依頼だが快諾してくれた。
16 福祉関係の仕事を希望している。
17 謀略事件を起こして捕まった。
18 抽出によるアンケート調査。
19 彼には潔癖なところがある。
20 水道管が破裂し水浸しになる。
21 こんな理不尽な行動は許せない。
22 円滑に議事を進行したいと思う。

解答

1 ちんぷ
2 とうしゅう
3 さいほう
4 じょこう
5 しゅうかく
6 きし
7 じょうちゅう
8 きろ
9 あいぞう
10 そち
11 しこん
12 ろうか
13 こうかい
14 ゆうこく
15 かいだく
16 ふくし
17 ぼうりゃく
18 ちゅうしゅつ
19 けっぺき
20 はれつ
21 りふじん
22 えんかつ

23 誇張した表現で様子を伝える。
24 精巧な機械が開発される。
25 餓死寸前のところを助けられる。
26 公務員は法令を遵守すべきだ。
27 プールで子どもが喚声を上げる。
28 神の啓示によって真理を示す。
29 この風邪は潜伏期間が短い。
30 卓抜なアイデアで企画が進む。
31 ここらでちょっと休憩しよう。
32 家族で邦楽を鑑賞する。
33 企画が成功し、ご満悦であった。
34 彼の母国は内紛で混乱している。
35 私もお相伴にあずかろう。
36 夏至は昼の時間が一番長い。

37 最寄りの駅まで迎えに行くよ。
38 新人を歓迎する催しを行う。
39 苗床に小さな命が芽生えている。
40 沖に浮かぶ白帆が見える。
41 控えめな彼の言動が好ましい。
42 ダイヤモンドは他の石より硬い。
43 父は今、ゴルフに凝っている。
44 脅して相手の金品を奪う。
45 最後まで粘ることが重要だ。
46 荒削りな文章を練り直す。
47 台風で堤防が崩れてしまった。
48 畑の野菜に肥料を施す。
49 書類の山に埋もれて姿が見えぬ。
50 名曲を鑑賞する集いを催す。

23 こちょう
24 せいこう
25 がし
26 じゅんしゅ
27 かんせい
28 けいじ
29 せんぷく
30 たくばつ
31 きゅうけい
32 ほうがく
33 まんえつ
34 ないふん
35 しょうばん
36 げし

37 もよ
38 もよお
39 なえどこ
40 しらほ
41 ひか
42 かた
43 こ
44 おど
45 ねば
46 あらけず
47 くず
48 ほどこ
49 う
50 つど

第9日 (2)

漢字識別、誤字訂正

時間 20分 合格 23

得点 1回目 /32 2回目 /32

● 次の1～5の三つの□に共通する漢字を入れて熟語を作れ。漢字は下のア～コから一つ選び、記号で答えよ。

(1)

1 □気・□魚・幼□
2 □在・停□・□納
3 □下・□落・□細
4 □刊・□製・□存
5 □印・□建・素□家

ア 滞　イ 恥　ウ 降　エ 稚　オ 既　カ 自　キ 止　ク 零　ケ 放　コ 封

(2)

1 工□・暖□・花□
2 討□・□採・濫□
3 □定・□案・□弁
4 □然・□像・□発
5 □金・応□・公□

ア 虚　イ 房　ウ 伐　エ 偶　オ 名　カ 紡　キ 勘　ク 援　ケ 募　コ 獲

(3)

1 □属・□屈・□下
2 合□・車□・□握
3 □色・利□・□滑
4 境□・処□・優□
5 敬□・□情・恋□

ア 軸　イ 潤　ウ 卑　エ 円　オ 遇　カ 慕　キ 置　ク 掌　ケ 心　コ 所

(4)

1 自□・□待・残□
2 □争・内□・□失
3 □膜・□着・□土
4 □束・□置・□留
5 □公・信□・□行

ア 私　イ 拘　ウ 紛　エ 由　オ 鼓　カ 粘　キ 約　ク 抗　ケ 奉　コ 虐

解答

(1) 1 エ　2 ア　3 ク　4 オ　5 コ
(2) 1 イ　2 ウ　3 キ　4 エ　5 ケ
(3) 1 ウ　2 ク　3 イ　4 オ　5 カ
(4) 1 コ　2 ウ　3 カ　4 イ　5 ケ

●次の各文にまちがって使われている同じ読みの漢字が一字ある。上に誤字を、下に正しい漢字を記せ。

1 海難審判は、貨物船と漁船の両者に衝突を改避する責任があるとした。

2 不用意な動植物の移動は、地球の生態形を崩す原因となる。

3 屋外での遊びが減少し、児童生徒の体力更上が喫緊の課題となった。

4 住民の陳情を誠実に受け止め、前向きな私勢で検討したい。

5 辞書の執筆と監習を依頼されたが、他の業務が忙しくお断りした。

6 彼は長年の研究で業積を残し、関係する大学の教授として就任した。

7 消費者物価は乱高下を繰り返し、景気の先行きの予側は難しい。

8 下位で停迷を続けるチームの立て直しに、新監督が迎え入れられた。

9 父は単身赴認先で発病し、治療のため当分の間地元の病院にいる。

10 新製品は展示会で話題となり、過去にない世間の好表を博した。

11 国境周辺の緊張が緩和されないのは、隣国に征復された経緯からだ。

12 生前に親から子が高額の財産を取得すると贈余税が課せられる。

解答

1 改・回
2 形・系
3 更・向
4 私・姿
5 習・修
6 積・績
7 側・測
8 停・低
9 認・任
10 表・評
11 復・服
12 余・与

第9日 (3) 書き取り

時間 20分 合格 35

得点 1回目 /50 2回目 /50

● 次の――線のカタカナを漢字に直せ。

1 大作家の未発表のイサクだ。
2 大火だがエンショウを免《まぬか》れた。
3 ナイカクが総辞職する。
4 犯行にカタンしてはいけない。
5 何事にもガンシキのある人だ。
6 父は金融《ゆう》キカンで働いている。
7 出生年度をギャクサンする。
8 これはキンシ用のめがねだよ。
9 名古屋をケイユして東京に入る。
10 ケンポウの条文を読みなさい。
11 彼はなかなかゴウジョウだ。
12 この時計はほとんどゴサがない。
13 昔ここはサカグラだったそうだ。
14 趣旨にサンドウした者が集まる。
15 シショウがなければ出席します。
16 将来もシヤに入れて計画を練る。
17 ジリョクをもつ様々な物質。
18 ジョウソウ教育が大切だ。
19 ジンアイの心をもって助け合う。
20 彼はスナオな性格の持ち主だ。
21 この件は前向きにゼンショする。
22 慎重に機械をソウサする。

解答

1 遺作
2 延焼
3 内閣
4 加担
5 眼識
6 機関
7 逆算
8 近視
9 経由
10 憲法
11 強情
12 誤差
13 酒蔵
14 賛同
15 支障
16 視野
17 磁力
18 情操
19 仁愛
20 素直
21 善処
22 操作

□ 23 高校生をタイショウにした雑誌。
□ 24 物資をチョウタツする仕事だ。
□ 25 話はうまいとテイヒョウがある。
□ 26 テンノウ陛下もご覧になった。
□ 27 彼の作品はドクソウ性に欠ける。
□ 28 ネンガンがかなって留学をする。
□ 29 父はハシュツジョに勤務する。
□ 30 容疑者は罪状をヒニンした。
□ 31 妻の家事のフタンを軽くしたい。
□ 32 隣国からボウメイして来た者だ。
□ 33 自宅のマドベに花を飾った。
□ 34 こなれたヤクブンで読みやすい。
□ 35 ヨウジの好きな絵本を読む。
□ 36 詩人が自作の詩をロウドクする。

□ 37 少女がマフラーをアんでいる。
□ 38 那《な》須《すの》与《よ》一《いち》は扇の的をイ落とした。
□ 39 事件がオオヤケになると危険だ。
□ 40 カタコトの英語だが十分通じる。
□ 41 夕日が空をクレナイ色に染める。
□ 42 サカダちをして歩くのが得意だ。
□ 43 波打ち際にスナエを描いた。
□ 44 たぶん他人のソラニだと思うよ。
□ 45 山小屋は急に霧にツツまれた。
□ 46 三人の新入社員をトるつもりだ。
□ 47 細いハリガネで盆栽《さい》の枝を直す。
□ 48 現実とはホドトオい計画だ。
□ 49 ここに窓口をモウけよう。
□ 50 口はワザワいの元と言われる。

---

23 対象
24 調達
25 定評
26 天皇
27 独創
28 念願
29 派出所
30 否認
31 負担
32 亡命
33 窓辺
34 訳文
35 幼児
36 朗読

37 編
38 射
39 公
40 片言
41 紅
42 逆立
43 砂絵
44 空似
45 包
46 採
47 針金
48 程遠
49 設
50 災

第10日 (1)

読み

時間 15分
合格 35

得点
1回目 /50
2回目 /50

● 次の――線の読みをひらがなで記せ。

1 工場の誘致を行うことが必要だ。
2 高温多湿な気候が影響している。
3 彼女はこの音楽に陶酔している。
4 弟は騎手として活躍している。
5 他の追随を許さない勢いで進む。
6 夢と現実とが交錯する。
7 彼は画壇ではとても有名人だ。
8 川の増水を知らせる警鐘が鳴る。
9 祖父はかなりの素封家だった。
10 この議題は現在審議中である。
11 東京近郊に住居を構える。
12 あてもなく放浪の旅に出る。
13 予算が大幅に削減される。
14 話の展開に必要な伏線を張る。
15 めでたい宴席で祝いの歌を歌う。
16 純粋な気持ちを忘れてはならぬ。
17 私の清廉潔白を信じてほしい。
18 波浪注意報が出ていて危険だ。
19 どうやら焦点が合っていない。
20 あの方は私の芸の師匠だ。
21 民間の調査機関に委嘱する。
22 ここは隆起してできた土地だ。

解答

1 ゆうち
2 たしつ
3 とうすい
4 きしゅ
5 ついずい
6 こうさく
7 がだん
8 けいしょう
9 そほうか
10 しんぎ
11 きんこう
12 ほうろう
13 さくげん
14 ふくせん
15 えんせき
16 じゅんすい
17 せいれん
18 はろう
19 しょうてん
20 ししょう
21 いしょく
22 りゅうき

- 23 学習指導要領が改訂される。
- 24 骨髄移植によって助かった。
- 25 レストランで給仕を担当する。
- 26 鉄分が欠乏して貧血を起こす。
- 27 人に恨まれる覚えは全くない。
- 28 縦貫道路を抜けて避暑地に行く。
- 29 抽象画の巨匠が来日する。
- 30 彼は敢然と敵に立ち向かった。
- 31 知人の葬儀に参列する。
- 32 親としての責任を放棄する。
- 33 仲間とのスキーを満喫する。
- 34 砂上の楼閣のような計画だ。
- 35 出納簿をつけてむだ遣いしない。
- 36 子どものために遺言状を残す。
- 37 飼っている鶏が卵を産む。
- 38 ろうそくの炎が浮かび上がる。
- 39 まるで綱渡りのような生活だ。
- 40 湖に臨む部屋で食事をとる。
- 41 子どもの健やかな成長を願う。
- 42 大被害に慰める言葉もない。
- 43 体のために酒は控えよう。
- 44 口が裂けてもこれは言えない。
- 45 この作品を著した絵本作家だ。
- 46 肉の塊を買いに出かける。
- 47 困難な仕事にため息を漏らす。
- 48 父は以前よりずいぶん衰えた。
- 49 この問題が解けなくて悔しい。
- 50 心地よい風が辺りを吹き抜ける。

---

23 かいてい
24 こつずい
25 きゅうじ
26 けつぼう
27 うら
28 じゅうかん
29 ちゅうしょう
30 かんぜん
31 そうぎ
32 ほうき
33 まんきつ
34 ろうかく
35 すいとう
36 ゆいごん
37 にわとり
38 ほのお
39 つなわた
40 のぞ
41 すこ
42 なぐさ
43 ひか
44 さ
45 あらわ
46 かたまり
47 も
48 おとろ
49 くや
50 ここち

第10日 (2)

部首、対義語・類義語

時間 20分
合格 26

得点
1回目 /36
2回目 /36

● 次の漢字の部首をア～エから一つ選び、記号で答えよ。

1 宴（ア 宀 イ 日 ウ 一 エ 女）
2 乳（ア ノ イ 爫 ウ 子 エ し）
3 賢（ア 臣 イ 又 ウ 貝 エ 八）
4 厘（ア 厂 イ 田 ウ 土 エ 里）
5 藩（ア 艹 イ 氵 ウ 米 エ 田）
6 怠（ア ム イ 口 ウ 心 エ 丶）
7 濫（ア 臣 イ 氵 ウ 皿 エ ノ）
8 卓（ア ト イ 十 ウ 曰 エ 一）
9 超（ア 走 イ 刀 ウ 口 エ 土）
10 簿（ア 竹 イ 氵 ウ 十 エ 寸）
11 墓（ア 艹 イ 日 ウ 大 エ 土）
12 房（ア 一 イ 戸 ウ 尸 エ 方）
13 膨（ア 月 イ 土 ウ 口 エ 彡）
14 乗（ア ノ イ 一 ウ 十 エ 木）
15 義（ア 一 イ 羊 ウ 扌 エ 戈）
16 扉（ア 一 イ 戸 ウ 尸 エ 隹）
17 蛮（ア 亠 イ 小 ウ 八 エ 虫）
18 殴（ア 匸 イ 殳 ウ 几 エ 又）

解答

1	2	3	4	5	6	7	8	9
ア	エ	ウ	ア	ア	ウ	イ	イ	ア

10	11	12	13	14	15	16	17	18
ア	エ	イ	ア	ア	イ	エ	エ	イ

● 後の□内のひらがなを漢字に直して□に入れ、対義語・類義語を作れ。□内のひらがなは一度だけ使い、一字記せ。

対義語

1 穏健―□激
2 具体―抽□
3 拘束―□放
4 修繕―破□
5 増進―□退
6 悲哀―歓□
7 模倣―□造
8 偶然―□然
9 冗漫―□潔

類義語

10 完遂―□成
11 克明―丹□
12 嘱望―期□
13 手紙―□簡
14 没頭―□中
15 了解―承□
16 携帯―所□
17 専有―□占
18 該当―□合

か・かい・かん・き・げん・じ・しょ・しょう・そう・そん・たい・たっ・ち・てき・どく・ねっ・ねん・ひっ

解答

1 過　2 象　3 解　4 損　5 減　6 喜　7 創　8 必　9 簡
10 達　11 念　12 待　13 書　14 熱　15 知　16 持　17 独　18 適

第10日 (3)

書き取り

時間 20分　合格 35

得点　1回目　／50　2回目　／50

● 次の——線のカタカナを漢字に直せ。

1 父はイセイとの交際には反対だ。
2 候補者のエンゼツを聴きに行く。
3 核《かく》のカクサンを防止する条約。
4 積極カダンな行動で成し遂げた。
5 君の助けに心からカンシャする。
6 キシベにあるホテルを予約した。
7 キュウイン力の強い掃除機だ。
8 飲食代は皆でキントウに分ける。
9 上官に会ったのでケイレイした。
10 ゲンミツな検査の結果が出た。
11 例年のコウスイリョウを上回る。
12 冷蔵庫がついにコショウした。
13 この川では昔サキンが採れた。
14 サケのサンランが見られる川だ。
15 前向きなシセイが何より大切。
16 合否判定のシャクドを決める。
17 シュウハを問わずお参りください。
18 結婚式のショウタイ状が届いた。
19 苦しい時にシンカが問われる。
20 すばらしいズノウの持ち主だ。
21 徳川家のゼンセイ時代の作品だ。
22 二つの三角形はソウジである。

解答

1 異性　2 演説　3 拡散　4 果断　5 感謝　6 岸辺　7 吸引　8 均等　9 敬礼　10 厳密　11 降水量
12 故障　13 砂金　14 産卵　15 姿勢　16 尺度　17 宗派　18 招待　19 真価　20 頭脳　21 全盛　22 相似

23 新人のタイトウがめざましい。
24 この手帳はチョウホウしている。
25 テキの飛行機が上空を飛び回る。
26 彼はテンモンガクを勉強した。
27 会員にはトクテンがある。
28 不完全ネンショウは大変危険だ。
29 新しい問題がハセイした。
30 対応が遅れヒハンを受けた。
31 父は毎日フッキン運動をする。
32 恩師のお宅をホウモンした。
33 この岩はマンチョウには隠れる。
34 これは明治時代のヤクシ集だ。
35 ヨキン通帳から金を引き出した。
36 リンジョウカンあふれる画面だ。

37 人を傷つけたのでアヤマった。
38 この事業をするには資本がイる。
39 富士山頂で日の出をオガむ。
40 幼児からカタトキも目を離すな。
41 ケワしい山道を登って行った。
42 君が余計な知恵をサズけたのか。
43 宿題をスませてから遊びなさい。
44 赤ん坊の動きにタえず目を配る。
45 名画鑑賞のツドいに参加した。
46 けんかしてもナカナオりをする。
47 雨が降らないと川がヒアがる。
48 兄のホネオりが無駄《だ》になる。
49 いつもヤサしく接してくれた。
50 タンポポのワタゲが風に飛ぶ。

23 台頭
24 重宝
25 敵
26 天文学
27 特典
28 燃焼
29 派生
30 批判
31 腹筋
32 訪問
33 満潮
34 訳詩
35 預金
36 臨場感

37 謝
38 要
39 拝
40 片時
41 険
42 授
43 済
44 絶
45 集
46 仲直
47 干上
48 骨折
49 優
50 綿毛

第11日 (1) 読み

時間 15分
合格 35

得点
1回目 /50
2回目 /50

● 次の——線の読みをひらがなで記せ。

1 講演者が登壇し、拍手がわく。
2 粘着テープで荷物をくくる。
3 携帯電話で相手と連絡をとる。
4 我が国には潤沢な資源がある。
5 多くの辛苦をしのぎ、今がある。
6 滑走路から飛行機が飛び立つ。
7 近郷近在から人が集まってくる。
8 残念ながらチームは惜敗した。
9 新装開店し従業員を急募する。
10 顔面を殴られ、けがをする。
11 福祉施設で働く人に話を聞く。
12 既製品で間に合わせたくない。
13 孤島で医師として働きたい。
14 ここに滞在するのは三日間だ。
15 交渉《しょう》は決裂したままで進まない。
16 暴虐の限りを尽くした君主。
17 郊外に土地を見つけ家を建てる。
18 青銅器を鋳造する。
19 困難に遭遇しても打ち勝つ強さ。
20 優勝旗の奪回を目指そう。
21 炎天下での作業はつらい。
22 前途を憂慮し、不安に思う。

解答

1 とうだん
2 ねんちゃく
3 けいたい
4 じゅんたく
5 しんく
6 かっそう
7 きんごう
8 せきはい
9 きゅうぼ
10 なぐ
11 しせつ
12 きせい
13 ことう
14 たいざい
15 けつれつ
16 ぼうぎゃく
17 こうがい
18 ちゅうぞう
19 そうぐう
20 だっかい
21 えんてん
22 ゆうりょ

ランク A
第1日
第2日
第3日
第4日
第5日
第6日
第7日
第8日
第9日
第10日
第11日
第12日
第13日
第14日

- 23 建物の修繕費を支出する。
- 24 繁華街に出て酒を飲む。
- 25 覆面パトカーに捕まった。
- 26 解凍した食品を調理する。
- 27 飛行機が墜落したニュース。
- 28 この村では旧習を墨守している。
- 29 トンネルは明日貫通する予定だ。
- 30 財産を生前に譲渡する。
- 31 隆盛を極めた藤原氏が滅亡する。
- 32 漏電が原因で出火する。
- 33 乳牛から乳を搾取する。
- 34 沖を行く船の帆柱が見える。
- 35 聞かれないよう声を潜めて話す。
- 36 救いの手を差し伸べる。
- 37 今さら悔やんでも仕方がない。
- 38 市長選への立候補者を募る。
- 39 既に配付したプリントにある。
- 40 重苦しい雰《ふん》囲気が漂っている。
- 41 赤いかばんを提げて登校する。
- 42 粋な着物姿の女性だ。
- 43 寺の鐘が時を知らせる。
- 44 声色を変えて電話で話す。
- 45 この財布は母の形見だ。
- 46 サンマの水揚げが多い漁港だ。
- 47 催し物は三階で行われている。
- 48 有名な寺院を巡る旅をする。
- 49 彼の慌てた様子がおかしかった。
- 50 彼の行方はまだわかっていない。

---

23 しゅうぜん
24 はんかがい
25 ふくめん
26 かいとう
27 ついらく
28 ぼくしゅ
29 かんつう
30 じょうと
31 りゅうせい
32 ろうでん
33 さくしゅ
34 ほばしら
35 ひそ
36 の
37 く
38 つの
39 すで
40 ただよ
41 さ
42 いき
43 かね
44 こわいろ
45 さいふ
46 みずあ
47 もよお
48 めぐ
49 あわ
50 ゆくえ

第11日 (2)

熟語の構成、漢字と送りがな

時間 20分
合格 28

得点
1回目 /40
2回目 /40

● 熟語の構成のしかたには次のようなものがある。

ア 同じような意味の漢字を重ねたもの (岩石)
イ 反対または対応の意味を表す字を重ねたもの (高低)
ウ 上の字が下の字を修飾しているもの (洋画)
エ 下の字が上の字の目的語・補語になっているもの (着席)
オ 上の字が下の字の意味を打ち消しているもの (非常)

次の熟語は右のア～オのどれにあたるか、一つ選び、記号で答えよ。

1 敢闘
2 緩急
3 締結
4 抑揚
5 無冠
6 遭難
7 傍聴
8 功罪
9 緩慢
10 棄権
11 精粗
12 錯誤
13 譲位
14 厳封
15 不況

解答

1 ウ 2 イ 3 ア 4 イ 5 オ 6 エ 7 ウ 8 イ 9 ア 10 エ 11 イ 12 ア 13 エ 14 ウ 15 オ

● 次の――線のカタカナを漢字一字と送りがな（ひらがな）に直せ。

〈例〉問題にコタエル。　答える

1 父は和菓子をアキナウ。

2 成功をアヤブム声がある。

3 長年旅館をイトナンでいる。

4 真実かどうかはウタガワシイ。

5 オゴソカニ卒業式が行われた。

6 友と大いにカタライなさい。

7 ココロヨク話を聞いてくれた。

8 人生のコヤシにしたい話だ。

9 こっそりと敵の動きをサグル。

10 必ず案内人の指示にシタガエ。

11 夕日にソマル島々を見る。

12 胸をソラシて背伸びをする。

13 熱風で髪がチヂレルことがある。

14 チームをヒキイルのは大変だ。

15 これは体重をヘラス運動だ。

16 決勝戦でライバルをマカシた。

17 ご飯をよくムラスことが大事だ。

18 小包をひもでユワエル。

19 それはヨロコバシイ出来事だ。

20 コップがワレテ危険だ。

21 隣家から果物をイタダイた。

22 健康をソコナウことはするな。

23 休み中は道路に車がツラナル。

24 やかんの湯をサマス。

25 微笑をタヤサないようにしたい。

解答

1 商う
2 危ぶむ
3 営ん
4 疑わしい
5 厳かに
6 語らい
7 快く
8 肥やし
9 探る
10 従え
11 染まる
12 反らし
13 縮れる
14 率いる
15 減らす
16 負かし
17 蒸らす
18 結わえる
19 喜ばしい
20 割れて
21 頂い
22 損なう
23 連なる
24 冷ます
25 絶やさ

第11日 (3) 書き取り

時間 20分 合格 35

得点 1回目 /50 2回目 /50

● 次の——線のカタカナを漢字に直せ。

1 成績をイチランヒョウに書く。
2 窓からエンセンの景色を見る。
3 当選カクジツの一報が入った。
4 この建物は完成不カノウである。
5 会場に集まったカンシュウ。
6 最新のギジュツが使われている。
7 キュウシキの機械だが役に立つ。
8 必要な条件をグビしている。
9 ゲキテキな瞬間をとらえた写真。
10 この川のゲンリュウを訪ねたい。
11 新都市建設のコウソウを練る。
12 ゴショクがあるプリントだ。
13 彼は常にサクリャクをめぐらす。
14 ウサギをシイクしている小学校。
15 おジゾウさんに手を合わせた。
16 新車購《こう》入時はシャコ証明が必要。
17 施設のシュウヨウ人員を超えた。
18 各ショウチョウの大臣が集まる。
19 彼はジンギを重んじる男だ。
20 スンゲキで交通ルールを教えた。
21 周辺諸国が次々とセンセンした。
22 安全ソウチを定期的に点検する。

解答

1 一覧表
2 沿線
3 確実
4 可能
5 観衆
6 技術
7 旧式
8 具備
9 劇的
10 源流
11 構想
12 誤植
13 策略
14 飼育
15 地蔵
16 車庫
17 収容
18 省庁
19 仁義
20 寸劇
21 宣戦
22 装置

23 部隊をタイドウして現地に入る。
24 ここは本社チョクエイの店だ。
25 何にでもテキオウする力がある。
26 全国のトウインによる選挙。
27 発明品のトッキョ申請を行った。
28 あの事件がノウリから離れない。
29 麻薬《ま》の密輸がハッカクした。
30 高野山のヒホウを集めた展覧会。
31 妻は育児にフンセン中である。
32 投手をホキョウしないとだめだ。
33 両国の間でメイヤクを結んだ。
34 見事なユイノウの品を届けた。
35 登山のヨクジツは筋肉痛になる。
36 ロンセツ委員として活躍中だ。

37 アヤマった判断はするな。
38 効果の有無はギモンだ。
39 少し説明をオギナう必要がある。
40 いつもカタヤブりな行動をとる。
41 コえた土で作られた作物だ。
42 この旅館は山海のサチを出す。
43 当局のスミやかな対処が必要だ。
44 タカシオ注意報が出された。
45 電車のつりカワにつかまる。
46 人のナサけにすがってきた。
47 学生をヒキいて調査に出かけた。
48 あっけないマクギれとなった。
49 集中力をヤシナう必要がある。
50 男女比は一対二のワリアイだ。

23 帯同
24 直営
25 適応
26 党員
27 特許
28 脳裏
29 発覚
30 秘宝
31 奮戦
32 補強
33 盟約
34 結納
35 翌日
36 論説

37 誤
38 疑問
39 補
40 型破
41 肥
42 幸
43 速
44 高潮
45 革
46 情
47 率
48 幕切
49 養
50 割合

第12日(1) 読み

時間15分 合格35

得点 1回目 /50 2回目 /50

● 次の——線の読みをひらがなで記せ。

1 卓球の試合で健闘する。
2 石碑を建立して栄誉をたたえる。
3 全校で記念写真を撮影する。
4 彼の父は政界の重鎮と言われた。
5 理想と現実との相克で悩む。
6 震災で犠牲者が大勢出た。
7 遵法の精神で仕事に取り組む。
8 欧州への旅はとても思い出深い。
9 彼は昔から漱石《そうせき》に心酔している。
10 痛恨のエラーで試合は終わった。
11 湖畔で過ごす夕暮れは快適だ。
12 祖父は捕鯨の名人であった。
13 緊迫した状況が続いている。
14 糖尿病のため、食事制限をする。
15 幽霊が出てくる話を聞きたい。
16 華美な服装で学校へ来るな。
17 準備万端で大会に臨む。
18 時代を超越した魅力がある。
19 胃の粘膜が荒れている。
20 玄関に芳香剤を置く。
21 老人ホームを慰問し交流する。
22 酵素の働きで汚れが落ちる。

解答

1 たっきゅう
2 せきひ
3 さつえい
4 じゅうちん
5 そうこく
6 ぎせい
7 じゅんぽう
8 おうしゅう
9 しんすい
10 つうこん
11 こはん
12 ほげい
13 きんぱく
14 とうにょう
15 ゆうれい
16 かび
17 ばんたん
18 ちょうえつ
19 ねんまく
20 ほうこう
21 いもん
22 こうそ

73 第12日 (1) 読み

23 街道沿いの茶店で休憩する。
24 高価なバッグを衝動買いする。
25 観客を魅了する演技が続いた。
26 完膚無きまでに相手を負かした。
27 彼女は慈善家としても有名だ。
28 待遇の改善を要求して闘う。
29 モールス符号を習って通信する。
30 猟師はクマを一発でしとめた。
31 老婆の役を引き受ける。
32 丘陵から見下ろす景色が美しい。
33 炉端で食べる料理がおいしい。
34 彼は会長を辞めるつもりだ。
35 四角い印材に雅号を彫る。
36 思い出に浸る時間は十分ある。

37 天にも昇る気持ちだ。
38 滑らかな書き味のペンを使う。
39 毎日の練習を怠ってはいけない。
40 子豚が一頭迷いこんでいる。
41 図鑑を繰って植物を調べる。
42 彼を誘って外出しよう。
43 あまり辛いものは胃に悪いよ。
44 身寄りのない少年を哀れんだ。
45 備えあれば憂いなし。
46 体裁を気にしてばかりいるな。
47 太刀を持った武士が登場する。
48 降り注ぐ雨が豊かな大地を潤す。
49 仮病をつかって学校を休む。
50 寺の境内にあるイチョウの木。

---

23 かいどう
24 しょうどう
25 みりょう
26 かんぷ
27 じぜん
28 たいぐう
29 ふごう
30 りょうし
31 ろうば
32 きゅうりょう
33 ろばた
34 や
35 ほ
36 ひた

37 のぼ
38 なめ
39 おこた
40 こぶた
41 く
42 さそ
43 から
44 あわ
45 うれ
46 ていさい
47 たち
48 うるお
49 けびょう
50 けいだい

第12日 (2)

同音・同訓異字、四字熟語

時間 20分　合格 26

得点　1回目 /36　2回目 /36

● 次の――線のカタカナにあてはまる漢字をそれぞれのア～オから一つ選び、記号で答えよ。

1 コンクールに作品を応ボする。
2 大規ボな改修工事を行う。
3 祖母への追ボの念がつのる。
（ア 模　イ 慕　ウ 簿　エ 暮　オ 募）

4 ベルリンの壁がホウ壊した。
5 ホウ建時代の名残がある。
6 学生がホウ仕活動に取り組む。
（ア 法　イ 封　ウ 奉　エ 崩　オ 抱）

7 ボウ国の王子が明日来訪する。
8 ボウ大な書類の山と格闘する。
9 無ボウな運転が事故を起こした。
（ア 膨　イ 妨　ウ 某　エ 謀　オ 亡）

10 地下室にユウ閉される。
11 ユウ慮すべき事態が起こる。
12 甘いユウ惑に負けたくない。
（ア 雄　イ 有　ウ 憂　エ 誘　オ 幽）

13 広大なリョウ地を支配する。
14 食リョウ事情の悪い国々。
15 みんなのリョウ承を得る。
（ア 糧　イ 陵　ウ 領　エ 猟　オ 了）

16 波ロウ注意報が出ている。
17 ロウ下を走ってはいけない。
18 ロウ電による火事を防ぐ。
（ア 浪　イ 漏　ウ 廊　エ 楼　オ 労）

解答

1 オ　2 ア　3 イ
4 エ　5 イ　6 ウ
7 ウ　8 ア　9 エ
10 オ　11 ウ　12 エ
13 ウ　14 ア　15 オ
16 ア　17 ウ　18 イ

● 文中の四字熟語の——線のカタカナを漢字に直せ。

1 ニソク三文の値段で売り払う。
2 ニッシン月歩の世の中だ。
3 周囲の忠告にもバジ東風だ。
4 ビジ麗句を連ねて迎合する。
5 実に複雑カイキな出来事だ。
6 もっとフンレイ努力しなさい。
7 ヘンゲン自在に球を操る。
8 本末テントウな話をするな。
9 マンゲン放語は慎みたい。
10 無我ムチュウで働いてきた。
11 無病ソクサイを神に祈る。
12 今は明鏡シスイの境地だ。
13 メンモク躍如の活躍ぶりだ。
14 油断タイテキと心に刻む。
15 ヨウシ端麗な女性を見かける。
16 リンキ応変に対応したい。
17 ロウセイ円熟した演技。
18 シンショウ棒大に話す。

解答

1 二《に》東《そく》三《さん》文《もん》 極端に安い値段。
2 日《にっ》進《しん》月《げっ》歩《ぽ》 間断なく進歩すること。
3 馬《ば》耳《じ》東《とう》風《ふう》 意見を心に留めず聞き流すこと。
4 美《び》辞《じ》麗《れい》句《く》 巧みにうわべを美しく飾った文句。
5 複《ふく》雑《ざつ》怪《かい》奇《き》 複雑にして怪しく不思議なこと。
6 奮《ふん》励《れい》努《ど》力《りょく》 気力を奮い起こして励むこと。
7 変《へん》幻《げん》自《じ》在《ざい》 自由に形を変えたりできること。
8 本《ほん》末《まつ》転《てん》倒《どう》 根本と枝葉の事を取り違えること。
9 漫《まん》言《げん》放《ほう》語《ご》 深く考えず、無責任な言葉。
10 無《む》我《が》夢《む》中《ちゅう》 我を忘れるほど熱中すること。
11 無《む》病《びょう》息《そく》災《さい》 全く病気をせず健康であること。
12 明《めい》鏡《きょう》止《し》水《すい》 邪念がなく、静かに澄んだ心境。
13 面《めん》目《もく》躍《やく》如《じょ》 その言動が十分名誉を高めるさま。
14 油《ゆ》断《だん》大《たい》敵《てき》 油断は恐ろしい敵であること。
15 容《よう》姿《し》端《たん》麗《れい》 顔や姿が整ってうるわしいこと。
16 臨《りん》機《き》応《おう》変《へん》 時に応じて適切に手段を施すこと。
17 老《ろう》成《せい》円《えん》熟《じゅく》 経験を積み内容が豊かになること。
18 針《しん》小《しょう》棒《ぼう》大《だい》 物事をおおげさに言うこと。

第12日 (3)

書き取り

時間 20分
合格 35

得点
1回目 /50
2回目 /50

● 次の――線のカタカナを漢字に直せ。

1 都会を離れてイナカで暮らす。
2 心にしみるギターのエンソウだ。
3 カクシンをもって間違いと言う。
4 子どもの成長カテイを記録する。
5 カンジュクトマトはおいしい。
6 キショウ価値のある作品だ。
7 他国に石油をキョウキュウする。
8 珍しい植物のグンセイ地である。
9 ゲッカン雑誌が書店に並ぶ。
10 国家ケンリョクに負けるな。
11 この犬をコウフンさせるな。
12 コゼニ入れを家に忘れてきた。
13 会議のザチョウをお願いしたい。
14 「させる」はシエキの助動詞だ。
15 ジタイを重く見た政府の対応策。
16 我が家はシャタクだが快適だ。
17 シュクシャク十万分の一の地図。
18 ジョウハツ皿の白い結晶は塩だ。
19 苦労を知りシンキンカンを持つ。
20 セイイある回答をしてほしい。
21 我が社のセンデン費は多い方だ。
22 彼はソウバン社長になるだろう。

解答

1 田舎
2 演奏
3 確信
4 過程
5 完熟
6 希少
7 供給
8 群生
9 月刊
10 権力
11 興奮
12 小銭
13 座長
14 使役
15 事態
16 社宅
17 縮尺
18 蒸発
19 親近感
20 誠意
21 宣伝
22 早晩

23 人間のダイノウは発達している。
24 チョクシャ日光を避けて遊ぶ。
25 人をテキシするのはよせ。
26 トウカ親しむべしと言われる。
27 トトウを組んで何か企てている。
28 冬に向けてのネンリョウの確保。
29 練習の成果をハッキした。
30 観光客のヒョウバンが良い温泉。
31 フンマツジュースを飲んだ。
32 それをするとボケツを掘るぞ。
33 ミッコウグループを逮捕した。
34 ユウエキなアドバイスをもらう。
35 ラシ植物にあたる木は何ですか。
36 人のサシズは受けたくない。
37 髪をアラってさっぱりとした。
38 鏡に姿をウツしてながめた。
39 オゴソかな雰《ふん》囲気の卒業式だ。
40 新しい生活のカドデを祝う。
41 ココロザシを同じくする者だ。
42 法のサバきを受ける必要がある。
43 結婚式の招待状がスり上がった。
44 畑をタガヤして野菜を作る。
45 まだテサグりの状態のままだ。
46 ナマヤサしい練習では勝てない。
47 ヒタイに汗して働いている。
48 昨日マゴが生まれた。
49 長く勤めてきた会社をヤめた。
50 どんな時でも言いワケはしない。

23 大脳
24 直射
25 敵視
26 灯火
27 徒党
28 燃料
29 発揮
30 評判
31 粉末
32 墓穴
33 密航
34 有益
35 裸子
36 指図
37 洗
38 映
39 厳
40 門出
41 志
42 裁
43 刷
44 耕
45 手探
46 生易
47 額
48 孫
49 辞
50 訳

第13日 (1)

読み

時間 15分　合格 35

得点　1回目 /50　2回目 /50

● 次の――線の読みをひらがなで記せ。

1 養鶏場から毎日卵が出荷される。
2 交代して実権を掌握する。
3 負債を抱え、倒産する。
4 戦争の脅威にさらされている。
5 馬車が草原を疾駆する。
6 祖父は芸の神髄を究めた人だ。
7 応募者が多く、抽選になった。
8 彼はどうも執念深い人のようだ。
9 それはもう勘弁してください。
10 安全のため、身柄を拘束する。
11 会長の辞任を皆で慰留する。
12 予算が超過して赤字となる。
13 互いに緊密な連携が必要だ。
14 傷を縫合し、治療する。
15 将来は画廊を開くのが夢だ。
16 幻影におびえ不安にさらされる。
17 私は浪費する癖を直したい。
18 濃紺のシャツを気に入って着る。
19 自分を卑下するのは良くない。
20 胎児がおなかの中で元気に動く。
21 顔の輪郭は母に似ている。
22 保護者同伴で出席してください。

解答

1 ようけい
2 しょうあく
3 ふさい
4 きょうい
5 しっく
6 しんずい
7 おうぼ
8 しゅうねん
9 かんべん
10 こうそく
11 いりゅう
12 ちょうか
13 きんみつ
14 ほうごう
15 がろう
16 げんえい
17 ろうひ
18 のうこん
19 ひげ
20 たいじ
21 りんかく
22 どうはん

□ 23 **強奪**事件の犯人が逃走した。
□ 24 **該当**者に連絡したいことがある。
□ 25 彼の話は**傾聴**に値する。
□ 26 目の**錯覚**を利用した絵がある。
□ 27 **惜別**の涙を流して去っていく。
□ 28 歴史の中で先人の**軌跡**をたどる。
□ 29 観客を**魅惑**するすばらしい演技。
□ 30 他社と業務**提携**をする。
□ 31 趣味の油絵に**没頭**する。
□ 32 国が**滅**びるのは時間の問題だ。
□ 33 **名残**雪が地面に落ちる。
□ 34 **雑炊**を作って食べさせる。
□ 35 多くの労働者を**雇**う会社だ。
□ 36 **姫君**誕生で王は喜んだ。

□ 37 委員会に**諮**って結論を出す。
□ 38 積み荷が**崩**れ、道をふさぐ。
□ 39 **魂**が抜けたような姿で現れる。
□ 40 **手慰**みに手芸を習う。
□ 41 **滑**り台で子どもが遊んでいる。
□ 42 はやる気持ちを**抑**えて臨む。
□ 43 転んでひざを**擦**りむく。
□ 44 友人と**憩**いのひとときを楽しむ。
□ 45 **速**やかに下校するようにしよう。
□ 46 母は子どもの将来を**憂**えている。
□ 47 **甲高**い声が聞こえてくる。
□ 48 このゲームにはもう**飽**きた。
□ 49 **苗代**を作って稲を育てる。
□ 50 **五月晴**れの中、遠足に出かける。

---

23 ごうだつ
24 がいとう
25 けいちょう
26 さっかく
27 せきべつ
28 きせき
29 みわく
30 ていけい
31 ぼっとう
32 ほろ
33 なごり
34 ぞうすい
35 やと
36 ひめぎみ

37 はか
38 くず
39 たましい
40 てなぐさ
41 すべ
42 おさ
43 す
44 いこ
45 すみ
46 うれ
47 かんだか
48 あ
49 なわしろ
50 さつきば

第13日 (2)

漢字識別、誤字訂正

時間20分 合格23

得点 1回目 /32 2回目 /32

● 次の1~5の三つの□に共通する漢字を入れて熟語を作れ。漢字は下のア~コから一つ選び、記号で答えよ。

(1)

1 □素・□母・発□
2 □除・添□・□減
3 共□・陰□・□略
4 □服・□明・相□
5 □収・□頭・□年

ア 同	ウ 被	オ 押	キ 酵	ケ 謀
イ 解	エ 削	カ 没	ク 克	コ 毒

(2)

1 □行・勇□・□闘
2 転□・□算・交□
3 □和・□慢・□急
4 □策・□設・実□
5 □葬・□蔵・□没

ア 施	ウ 回	オ 自	キ 埋	ケ 試
イ 敢	エ 気	カ 換	ク 貯	コ 緩

(3)

1 □煙・満□・□茶
2 □暴・□野・□食
3 □客・回□・□問
4 □撃・□突・緩□
5 □亡・絶□・点□

ア 素	ウ 喫	オ 滅	キ 契	ケ 命
イ 衝	エ 呼	カ 招	ク 粗	コ 顧

(4)

1 書□・□橋・□空
2 □楽・連□・□人
3 □悪・□道・□念
4 □渡・委□・分□
5 □圧・□制・□止

ア 抑	ウ 赦	オ 譲	キ 邪	ケ 架
イ 嬢	エ 邦	カ 華	ク 欲	コ 倣

解答

(1) 1 キ　2 エ　3 ケ　4 ク　5 カ

(2) 1 イ　2 カ　3 コ　4 ア　5 キ

(3) 1 ウ　2 ク　3 コ　4 イ　5 オ

(4) 1 ケ　2 エ　3 キ　4 オ　5 ア

● 次の各文にまちがって使われている同じ読みの漢字が一字ある。上に誤字を、下に正しい漢字を記せ。

1 彼は高齢者福祉の仕事に従事して、老人施設を巡会している。

2 事件の径緯を聴取した上で、今後の対応策を慎重に検討したい。

3 彼は米国野球界にも前例のない記録を樹立し、脚好を浴びた。

4 世論調査の結果から現政権の維治は難しいとの見方が大勢だ。

5 害虫を駆助する農薬の安全性を保証する詳細な研究が実施された。

6 二酸化炭素の排出削減は環境汚洗の最優先課題として協議されている。

7 友好関係にある姉妹提携都市を訪問し、熱烈な歓態を受けた。

8 工夫が凝らされた製品の典示即売会での売れ行きは好調だった。

9 財政投資の派及効果が見られるまで相当の時間を要すると予想される。

10 新年度を迎えて、自身の抱富を述べる機会を持つことが肝要である。

11 候捕者はほかにもいるが、彼ほど統率力と見識を有する人はいない。

12 食べ物の自給律を上げたいが、狭い耕作地と兼業農家が多いのが現状だ。

解答

1 会・回
2 径・経
3 好・光
4 治・持
5 助・除
6 洗・染
7 態・待
8 典・展
9 派・波
10 富・負
11 捕・補
12 律・率

第13日(3) 書き取り

時間20分 合格35

得点 1回目 /50 2回目 /50

● 次の――線のカタカナを漢字に直せ。

1 イヨウな気配がしている。
2 試合はエンチョウ戦になった。
3 文字をカクダイしてほしい。
4 カッコたる信念をもってやる。
5 あまりカンショウ的になるな。
6 キジョウの空論だと言われた。
7 会社のギョウセキが伸びた。
8 長く書道界にクンリンしてきた。
9 害虫を駆除できるがゲキドクだ。
10 コイに進路を妨害すると失格だ。
11 参議院議員のコウホになる。
12 コックして勉学に励んできた。
13 犯人の指紋をサイシュした。
14 このカードはジキに近づけるな。
15 母は夕食のシタクをしている。
16 美しいシャッケイで知られる庭。
17 柿《かき》の実がようやくジュクした。
18 卒業記念にショクジュをした。
19 心地よくシンコキュウをした。
20 セイカが高まり有名人になる。
21 この店の料理はゼッサンされた。
22 冬登山用のソウビが必要だ。

解答

1 異様
2 延長
3 拡大
4 確固
5 感傷
6 机上
7 業績
8 君臨
9 劇毒
10 故意
11 候補
12 刻苦
13 採取
14 磁気
15 支度
16 借景
17 熟
18 植樹
19 深呼吸
20 声価
21 絶賛
22 装備

23 はるかなタビジに思いをはせた。
24 本にチョシャのサインをもらう。
25 テキセツな判断だったと思う。
26 彼は次第にトウカクを現した。
27 横綱のドヒョウ入りが始まった。
28 ニッショウ時間が短くなった。
29 バクマツに活躍した男たち。
30 チョウのヒョウホンを見る。
31 天皇ヘイカがお出でになる。
32 自然ホゴのための活動を続ける。
33 メイロウで親しみやすい人物だ。
34 ユウセイ民営化問題が起こった。
35 ケーキにはランオウを使う。
36 アオナを使った料理を食べた。

37 ここは釣《つ》りのアナバだ。
38 社長としてのウツワがある人だ。
39 彼女は優しいエみを返した。
40 会社のカブヌシ総会を開催する。
41 キヌオリモノには手間がかかる。
42 相手方の理屈をサカテにとる。
43 祖父母が二人でスワっている。
44 七福神が乗り込んだタカラブネ。
45 二階のデマドに花瓶《びん》を置いた。
46 師匠にナラぶだけの実力がある。
47 返済期限をヒノべしてほしい。
48 彼にはマコトを尽くしてきた。
49 贈り物の箱をリボンでユわえた。
50 ワカモノらしく振る舞いなさい。

23 旅路
24 著者
25 適切
26 頭角
27 土俵
28 日照
29 幕末
30 標本
31 陛下
32 保護
33 明朗
34 郵政
35 卵黄
36 青菜

37 穴場
38 器
39 笑
40 株主
41 絹織物
42 逆手
43 座
44 宝船
45 出窓
46 並
47 日延
48 誠
49 結
50 若者

第14日 (1)

読み

時間 15分　合格 35

得点　1回目 /50　2回目 /50

● 次の――線の読みをひらがなで記せ。

1 なんと大胆な色使いだろう。
2 尾瀬の湿原を友達と歩く。
3 この辺りは禁猟区となっている。
4 出版物が検閲を通る。
5 県の冗費を節減する対策をとる。
6 彼の該博な知識は皆を圧倒した。
7 自転車で転んで擦過傷を負う。
8 武者修行のつもりで取り組もう。
9 証人喚問に呼び出される。
10 優勝旗の争奪戦となった。
11 啓発用パンフレットの作成。
12 彼女は彫金師として活躍する。
13 どうしても動揺の色は隠せない。
14 配偶者の有無を記入する。
15 このたびは恐悦至極に存じます。
16 古墳を調査し出土品を展示する。
17 鼻孔からチューブで注入する。
18 祖父は昔、炭坑で働いていた。
19 汚染された水は決して飲むな。
20 不粋な男だと非難される。
21 道路の使用許可を申請する。
22 卸値で販売された品物を買う。

解答

1 だいたん
2 しつげん
3 きんりょう
4 けんえつ
5 じょうひ
6 がいはく
7 さっかしょう
8 しゅぎょう
9 かんもん
10 そうだつ
11 けいはつ
12 ちょうきん
13 どうよう
14 はいぐうしゃ
15 きょうえつ
16 こふん
17 びこう
18 たんこう
19 おせん
20 ぶすい
21 しんせい
22 おろしね

85 第14日 (1) 読　み

23 自動車が衝突した音がする。
24 彼の努力を慰労して宴会を催す。
25 祖父に将棋を教えてもらう。
26 協定を締結し両国の友好が進む。
27 諸般の事情を勘案して処理する。
28 遊園地の絶叫マシンで遊ぶ。
29 基礎学力を伸ばす教育が必要だ。
30 この辺りは豊潤な土地だ。
31 皆で相談し、彼に翻意を促す。
32 人権擁護の立場から意見を言う。
33 類似した事件が後を絶たない。
34 結婚式で日本髪を結う。
35 せいろで蒸した料理をいただく。
36 雪崩が起こり、犠牲者が出た。

37 又聞きの話は信用できない。
38 風船を膨らませて遊ぼう。
39 廊下を掃いてきれいにしよう。
40 友人と共に悪事を企てる。
41 埋もれた人材を発掘して育てる。
42 彼はいろいろ難癖をつけ始めた。
43 風に揺れる稲穂が美しい季節だ。
44 私には無理だと悟った。
45 浮ついた気持ちでは取り組むな。
46 包丁を研ぐと切れ味が良くなる。
47 彼は名実相伴う人だ。
48 私のふるさとも寂れてしまった。
49 早苗を植えた田に水が入る。
50 講演を静かに聴いてほしい。

---

23 しょうとつ
24 いろう
25 しょうぎ
26 ていけつ
27 かんあん
28 ぜっきょう
29 きそ
30 ほうじゅん
31 ほんい
32 ようご
33 るいじ
34 ゆ
35 む
36 なだれ

37 またぎ
38 ふく
39 は
40 くわだ
41 う
42 なんくせ
43 いなほ
44 さと
45 うわ
46 と
47 あいともな
48 さび
49 さなえ
50 き

第14日 (2)

部首、対義語・類義語

時間 20分
合格 26

得点
1回目 /36
2回目 /36

● 次の漢字の部首をア～エから一つ選び、記号で答えよ。

1 珍（ア 十 イ 王 ウ 人 エ 彡）
2 響（ア 幺 イ 阝 ウ 立 エ 音）
3 賊（ア 貝 イ 十 ウ 戈 エ ノ）
4 桜（ア 木 イ ⺍ ウ 一 エ 女）
5 善（ア 一 イ 羊 ウ 十 エ 口）
6 陶（ア 阝 イ ノ ウ 勹 エ 山）
7 彫（ア 冂 イ 口 ウ 土 エ 彡）
8 遭（ア 一 イ 辶 ウ 西 エ 日）
9 畜（ア 亠 イ 幺 ウ 田 エ 日）
10 勘（ア 甘 イ 西 ウ 日 エ 力）
11 掌（ア ⺌ イ 冖 ウ 口 エ 手）
12 虐（ア 广 イ 虍 ウ 厂 エ 一）
13 凝（ア 冫 イ 矢 ウ 匕 エ 𧾷）
14 敷（ア 田 イ 丶 ウ 方 エ 攵）
15 企（ア 人 イ 止 ウ 一 エ 亅）
16 施（ア 也 イ ノ ウ 一 エ 方）
17 癖（ア 广 イ 疒 ウ 立 エ 辛）
18 焦（ア ノ イ 隹 ウ 灬 エ 亻）

解答

1	2	3	4	5	6	7	8	9
イ	エ	ア	ア	エ	ア	エ	イ	ウ

10	11	12	13	14	15	16	17	18
エ	エ	イ	ア	エ	ア	エ	イ	ウ

● 後の□内のひらがなを漢字に直して□に入れ、対義語・類義語を作れ。□内のひらがなは一度だけ使い、一字記せ。

対義語

1 解雇 ― □用
2 軽率 ― 慎□
3 興隆 ― 衰□
4 需要 ― □給
5 怠慢 ― □勉
6 分裂 ― □一
7 優雅 ― 粗□
8 受容 ― 排□
9 停滞 ― 進□

類義語

10 官吏 ― □人
11 鼓舞 ― □励
12 思慮 ― 分□
13 独裁 ― □制
14 未熟 ― □稚
15 廉価 ― 安□
16 倹約 ― □減
17 突如 ― 不□
18 借金 ― □債

い・きょう・きん・げき・さい・じょ・せつ・せん・たい
ちょう・てん・とう・ね・ふ・べつ・や・やく・よう

解答

1 採　2 重　3 退　4 供　5 勤　6 統　7 野　8 除　9 展
10 役　11 激　12 別　13 専　14 幼　15 値　16 節　17 意　18 負

第14日 (3) 書き取り

時間 20分 合格 35

得点 1回目 /50 2回目 /50

● 次の――線のカタカナを漢字に直せ。

1 世界イサンに登録された。
2 城跡に行きオウジをしのんだ。
3 社員がオウリョウで逮捕された。
4 カクチョウの高い家具を買った。
5 今年はカブカが下がる一方だ。
6 もう少しカンソカできないかね。
7 老舗《しにせ》のカンバンに傷をつけるな。
8 ギャッキョウを乗り越える。
9 有用性がないとケイエンされる。
10 ケイロウの日に施設を訪問した。
11 カードでケッサイしてください。
12 関係をコウチクする必要がある。
13 コクルイの値段が下がり続けた。
14 政局はコンメイしたままだ。
15 ザッシのモデルとして活躍する。
16 ジタクの菜園でトマトを作る。
17 それをさせるのはシナンの業だ。
18 この仕事にジュクチした人だ。
19 針葉ジュリンを抜けて車は走る。
20 年度末に確定シンコクをする。
21 スイロンで物を言うな。
22 セイミツ機械を作っている町だ。

解答

1 遺産 2 往時 3 横領 4 格調 5 株価 6 簡素化 7 看板 8 逆境 9 敬遠 10 敬老 11 決済

12 構築 13 穀類 14 混迷 15 雑誌 16 自宅 17 至難 18 熟知 19 樹林 20 申告 21 推論 22 精密

23 首相はセンヨウ機に搭《とう》乗した。
24 新しい海底タンサ機を購《こう》入した。
25 彼はチョジュツギョウを営む。
26 新しいデシが入門してきた。
27 弟はテツボウを得意としている。
28 結局はトロウに終わった。
29 ナンザンだったが母子とも健康。
30 新型ロケットをハッシャさせる。
31 祖父のヒゾウの品を手にする。
32 壁画をホシュウするための費用。
33 隣国とのミツヤクが表に出た。
34 免許のユウコウ期限を確認する。
35 テストのヘイキンチが下がった。
36 本が好きでランドクしている。

37 リンジ駐車場に入れてください。
38 彼は郷土史の本をアラワした。
39 友人からお土産をイタダいた。
40 ウラミチを通って下校した。
41 オサナゴコロに残った悲しみ。
42 互いに技をキソってきた間柄だ。
43 隣の家とのサカイメが不明確だ。
44 シオドキがこないと魚は釣《つ》れぬ。
45 神仏をタットぶ人は穏やかだ。
46 席が空いたとテマネきした。
47 ナれ親しんできた学校と別れる。
48 限りない可能性をヒめた選手だ。
49 マトハズれの答えを言った。
50 スイジョウキが発生した。

23 専用
24 探査
25 著述業
26 弟子
27 鉄棒
28 徒労
29 難産
30 発射
31 秘蔵
32 補修
33 密約
34 有効
35 平均値
36 乱(濫)読
37 臨時
38 著
39 頂
40 裏道
41 幼心
42 競
43 境目
44 潮時
45 尊
46 手招
47 慣
48 秘
49 的外
50 水蒸気

第15日 (1)

読み

時間15分 合格35

得点 1回目 /50 2回目 /50

● 次の——線の読みをひらがなで記せ。

1 手紙の冒頭に「拝啓」と書く。
2 強引な態度で相手をやりこめる。
3 国会で予算の濫費が論議される。
4 ふりこの振幅を調べる。
5 陳列棚《だな》に珍しいおもちゃを飾る。
6 悪い習癖は今のうちに直そう。
7 近所で評判の餓鬼大将であった。
8 ゴッホに傾倒し、作風をまねる。
9 祖母は戦災孤児を引き取った。
10 入社時に今後の精励を誓《ちか》う。
11 祖母の忌中のため、喪《も》に服す。
12 あなたの意見は是認しがたい。
13 兄は篤学の士として活躍した。
14 弟は生まれつきの虚弱体質だ。
15 疾風が巻き起こり草木が揺れた。
16 裁判所での公判を傍聴する。
17 世論調査を民間に委託する。
18 養豚場を訪れ、飼育方法を聞く。
19 暖房のよく効いた部屋だね。
20 彼はあの娘に慕情を抱いていた。
21 貨物船が突然炎上し、沈没する。
22 彼は富岳百景を撮り終えた。

解答

1 はいけい
2 ごういん
3 らんぴ
4 しんぷく
5 ちんれつ
6 しゅうへき
7 がき
8 けいとう
9 こじ
10 せいれい
11 きちゅう
12 ぜにん
13 とくがく
14 きょじゃく
15 しっぷう
16 ぼうちょう
17 いたく
18 ようとん
19 だんぼう
20 ぼじょう
21 えんじょう
22 ふがく

23 この契約により債務が発生する。

24 日ごろのご愛顧に応じたセール。

25 点滅信号が赤に変わる。

26 坑道は暗く、細い通路であった。

27 促音は日本語の音節の一つだ。

28 海峡を渡る船の旅を楽しむ。

29 婚姻《いん》届を出して入籍する。

30 偶発的な事故と判断された。

31 ソフトボールの審判を務める。

32 公園には「万葉集」の歌碑がある。

33 上昇気流の影響で雨が降る。

34 西欧で作られた家具を購《こう》入する。

35 見る影もなく零落する。

36 奇怪な出来事に遭遇する。

37 昭和天皇の崩御を悲しむ。

38 破廉恥な振る舞いを戒められる。

39 体の疲労が事故の誘因となった。

40 人生の悲哀を十分体験している。

41 父も母も今日は留守である。

42 神主として神事に仕える。

43 これはいったいだれの仕業だ。

44 手綱を引いて馬を上手に操る。

45 君は日和見主義の傾向がある。

46 北斗七星はひしゃくの形だ。

47 彼の活躍が非常に頼もしい。

48 惜しい人を亡くしたと悲しんだ。

49 野菊の咲く丘で弁当を広げる。

50 食パンの焦げるにおいが香ばしい。

---

23 さいむ
24 あいこ
25 てんめつ
26 こうどう
27 そくおん
28 かいきょう
29 にゅうせき
30 ぐうはつ
31 しんぱん
32 かひ
33 じょうしょう
34 せいおう
35 れいらく
36 きかい
37 ほうぎょ
38 はれんち
39 ゆういん
40 ひあい
41 るす
42 かんぬし
43 しわざ
44 たづな
45 ひよりみ
46 ほくとしちせい
47 たの
48 お
49 のぎく
50 こ

第15日 (2)

同音・同訓異字、四字熟語

時間20分 合格26

得点 1回目 /36 2回目 /36

● 次の――線のカタカナにあてはまる漢字をそれぞれのア〜オから一つ選び、記号で答えよ。

1 祖父はケン道二段の腕前だ。
2 このまま戻《もど》るのがケン明な策だ。
3 彼はケン約家で知られている。
(ア賢 イ剣 ウ堅 エ倹 オ兼)

4 新しいコ客リストを作る。
5 父は不況のあおりで解コされた。
6 大きなコを描いて飛んでいった。
(ア古 イ顧 ウ雇 エ固 オ弧)

7 こんな時にジョウ談はよしなさい。
8 ローンで分ジョウ住宅を購《こう》入した。
9 防犯のため、ジョウ前をつける。
(ア錠 イ場 ウ譲 エ冗 オ丈)

10 株で財産をずいぶんフやした。
11 友達との別れに手をフる少年。
12 作品に手をフれないでください。
(ア伏 イ吹 ウ振 エ殖 オ触)

13 部屋の空気を入れカえよう。
14 島と島の間に大きな橋をカける。
15 獣に姿をカえた王子様。
(ア変 イ換 ウ駆 エ代 オ架)

16 彼女はカ麗な一族に生まれた。
17 みかんの出カが始まった。
18 習字の作品がカ作に入選する。
(ア荷 イ佳 ウ華 エ貨 オ可)

解答

1 イ　2 ア　3 エ
4 イ　5 ウ　6 オ
7 エ　8 ウ　9 ア
10 エ　11 ウ　12 オ
13 イ　14 オ　15 ア
16 ウ　17 ア　18 イ

● 文中の四字熟語の――線のカタカナを漢字に直せ。

1 暗雲テイメイの状態を抜ける。
2 意気ショウテンの境地で臨む。
3 まことにショウシ千万な話だ。
4 ヒガン達成のため神社で祈る。
5 古今ムソウの力の持ち主だ。
6 彼女は才色ケンビな女性だ。
7 熟慮ダンコウを方針とする。
8 私にとっては生殺ヨダツだ。
9 直情ケイコウな少年のようだ。
10 電光セッカの勢いで完成する。
11 彼は博覧キョウキの人だ。
12 フロウ長寿の薬が欲しい。
13 ヘイシン低頭しておわびする。
14 市民にモンコ開放する姿勢。
15 リガイ得失が一致する。
16 家族でロヘン談話を楽しむ。
17 イク同音に反対を唱える。
18 カンキュウ自在に球を操る。

解答

1 暗《あん》雲《うん》低《てい》迷《めい》 悪い状態が続いていること。
2 意《い》気《き》衝《しょう》天《てん》 気持ちが勢いよく盛んなこと。
3 笑《しょう》止《し》千《せん》万《ばん》 非常にこっけいなさま。
4 悲《ひ》願《がん》達《たっ》成《せい》 悲壮な願いをなし遂げること。
5 古《こ》今《こん》無《む》双《そう》 昔から今まで並ぶものがないこと。
6 才《さい》色《しょく》兼《けん》備《び》 才色の両方を備えていること。
7 熟《じゅく》慮《りょ》断《だん》行《こう》 よく考えて思い切って行うこと。
8 生《せい》殺《さつ》与《よ》奪《だつ》 どうしようと思いのままなこと。
9 直《ちょく》情《じょう》径《けい》行《こう》 感情をそのまま言動に表すこと。
10 電《でん》光《こう》石《せっ》火《か》 行動などが非常に迅速なさま。
11 博《はく》覧《らん》強《きょう》記《き》 書物を読み、よく覚えていること。
12 不《ふ》老《ろう》長《ちょう》寿《じゅ》 老いることなく、長生きすること。
13 平《へい》身《しん》低《てい》頭《とう》 ひれ伏して恐縮すること。
14 門《もん》戸《こ》開《かい》放《ほう》 出入りや任官の制限をやめること。
15 利《り》害《がい》得《とく》失《しつ》 利益と損害。
16 炉《ろ》辺《へん》談《だん》話《わ》 炉端でくつろいで語ること。
17 異《い》口《く》同《どう》音《おん》 大勢の人が同じことを言うこと。
18 緩《かん》急《きゅう》自《じ》在《ざい》 遅速の程度が思いのままなこと。

第15日 (3)

書き取り

時間 20分
合格 35

得点
1回目 /50
2回目 /50

● 次の——線のカタカナを漢字に直せ。

1 彼の意見に皆がイギを唱えた。
2 エイチを集めて企画案を立てる。
3 主力選手をオンゾンしておく。
4 結核《かく》にカンセンする人がいる。
5 横やりが入りキセイをそがれた。
6 キョウド料理をいただいた。
7 ケイカンの仕事に誇りを持つ。
8 突然腰にゲキツウが走った。
9 父はいつもゲンキンで支払う。
10 千載一遇のコウキを逃した。
11 山全体のコウヨウを楽しんだ。
12 同窓会で親友とサイカイした。
13 シキュウ学校に連絡をください。
14 卒業式の式シダイを壁に張る。
15 土地の価格をジュウランする。
16 鑑識で指紋をショウゴウした。
17 会議はジョマクから白熱した。
18 計画通りスイシンしていく。
19 教会に行きセイカを歌う。
20 センレンされた立ち居振る舞い。
21 クレーン車のソウジュウをした。
22 夏休みを思うゾンブンに楽しむ。

解答

1 異議 2 英知 3 温存 4 感染 5 気勢 6 郷土 7 警官 8 激痛 9 現金 10 好機 11 紅葉
12 再会 13 至急 14 次第 15 縦覧 16 照合 17 序幕 18 推進 19 聖歌 20 洗練 21 操縦 22 存分

23 母からのタクハイ便を受け取る。
24 インフルエンザの予防チュウシャ。
25 時代にテキゴウした教育を行う。
26 知事の初トウチョウを出迎えた。
27 医者がノウシの判断を下した。
28 ハカクな安値がついた。
29 ヒテイ的な意見が多かった。
30 神社ブッカクの散策が趣味だ。
31 寺では御ホンゾンを大切にする。
32 ルーブル美術館の名画のモシャ。
33 桜のヨウボクを植える。
34 ランパクを使ったお菓子を作る。
35 リュウハにより作法が違う。
36 恋人と二人でナミキミチを歩く。

37 あまりアツギをしないほうが良い。
38 ウラニワに物置小屋を建てた。
39 赤いカワのジャケットを着る。
40 彼は科学者をココロザしていた。
41 スジガき通りにはいかない。
42 木は乾燥するとソり返る。
43 赤ちゃんがチブサを放さない。
44 車からの投げスてはやめよう。
45 ハチのハオトがうるさいほどだ。
46 犬がハナゾノをかけ回る。
47 フシメの多い木材は売れない。
48 御飯にすし酢《ず》をマぜてあおぐ。
49 今朝はいつもより早くメザめた。
50 ユウヤけを二人で眺《なが》めた。

23 宅配
24 注射
25 適合
26 登庁
27 脳死
28 破格
29 否定
30 仏閣
31 本尊
32 模写
33 幼木
34 卵白
35 流派
36 並木道
37 厚着
38 裏庭
39 革
40 志
41 筋書
42 反
43 乳房
44 捨
45 羽音
46 花園
47 節目
48 混
49 目覚
50 夕焼

第16日 (1)

読み

時間 15分
合格 35
得点
1回目 /50
2回目 /50

● 次の——線の読みをひらがなで記せ。

1 当該事件の関係者から話を聞く。
2 屈伸運動で体を鍛える。
3 家族がそろって食卓に着く。
4 年季奉公が明け、里帰りする。
5 華麗に社交ダンスを踊る。
6 力強い言葉で士気を鼓舞する。
7 皆で協力して障害物を排除する。
8 入館は随意で行ってください。
9 琴《こと》の哀切極まりない音色が響く。
10 駐在の巡査が町内を回る。
11 時代錯誤もはなはだしい。
12 人生の分岐点に立つ。
13 まだまだ生硬な文章に過ぎない。
14 自作の詩を読み、措辞を練る。
15 天気概況で明日の天気を予想。
16 強い爆風で吹き飛ばされる。
17 尿素は医薬品の原料となる。
18 困難にくじけない気概をもて。
19 彼には潜在的な能力がある。
20 貨物船が台風に遭い、沈没する。
21 藩士としての役目を果たす。
22 坑内火災が起き、ガス爆発する。

解答

1 とうがい
2 くっしん
3 しょくたく
4 ほうこう
5 かれい
6 こぶ
7 はいじょ
8 ずいい
9 あいせつ
10 ちゅうざい
11 さくご
12 ぶんき
13 せいこう
14 そじ
15 がいきょう
16 ばくふう
17 にょうそ
18 きがい
19 せんざい
20 ちんぼつ
21 はんし
22 こうない

23 古代の円墳から土器が出土する。
24 篤志家からの寄付で事業を運営。
25 ねらいを定め、敵機を撃墜する。
26 使役の助動詞は未然形につく。
27 卑近な例として挙げられる。
28 祖父の一周忌の法要を営む。
29 たこが高架線に引っかかる。
30 返済が滞り財産が没収される。
31 喫茶店でコーヒーを注文する。
32 兄は憂国の情に厚い人間だ。
33 花壇に水仙《すいせん》の球根を植える。
34 粗鋼を精錬する過程を見学する。
35 利潤を追求する取り組みが進む。
36 滝に打たれ、心身を修練する。
37 式場で芳名録に記帳する。
38 グラフの横軸は時間経過を表す。
39 転んで足首に裂傷ができる。
40 稲田に風が渡り、穂波が立つ。
41 夏木立は旅人の休憩場所となる。
42 彼女の真っ白な足袋が印象的だ。
43 夫婦仲が良いのは結構なことだ。
44 遠足を明日に控えて胸が弾む。
45 一幅の墨絵のような風景である。
46 ピカソは洋画界の巨匠である。
47 姉は今秋、寿退社する予定だ。
48 若人の元気の良さを見習いたい。
49 相手を信用して掛け売りする。
50 運動会では綱引きに出場する。

---

23 えんぷん
24 とくしか
25 げきつい
26 しえき
27 ひきん
28 いっしゅうき
29 こうか
30 ぼっしゅう
31 きっさ
32 ゆうこく
33 かだん
34 せいれん
35 りじゅん
36 しゅうれん
37 ほうめい
38 よこじく
39 れっしょう
40 ほなみ
41 こだち
42 たび
43 ふうふ
44 はず
45 すみえ
46 きょしょう
47 ことぶき
48 わこうど
49 か
50 つなひ

第16日 (2)

漢字識別、誤字訂正

時間20分 合格23

得点 1回目 /32 2回目 /32

● 次の1～5の三つの□に共通する漢字を入れて熟語を作れ。漢字は下のア～コから一つ選び、記号で答えよ。

(1)

1 □愚・□明・先□
2 □覚・□滅・変□
3 □促・□眠・開□
4 □勝・特□・□更
5 □査・球□・□判

ア 仮　イ 優　ウ 催　エ 殊　オ 絶　カ 幻　キ 審　ク 謙　ケ 賢　コ 真

(2)

1 □弱・□微・老□
2 □願・要□・□負
3 委□・屈□・嘱□
4 □取・傾□・傍□
5 □走・□柱・□船

ア 祈　イ 託　ウ 強　エ 衰　オ 聴　カ 力　キ 帆　ク 受　ケ 員　コ 請

(3)

1 □着・□泊・□流
2 □降・□走・潤□
3 □高・□独・□立
4 □貨・強□・□直
5 遺□・悔□・痛□

ア 下　イ 漂　ウ 恨　エ 到　オ 感　カ 滑　キ 軟　ク 硬　ケ 孤　コ 声

(4)

1 □降・□進・上□
2 □燥・□点・□土
3 □談・□長・□漫
4 □行・完□・未□
5 □儀・□祭・埋□

ア 遂　イ 冗　ウ 争　エ 満　オ 焦　カ 密　キ 乾　ク 昇　ケ 急　コ 葬

解答

(1) 1 ケ　2 カ　3 ウ　4 エ　5 キ

(2) 1 エ　2 コ　3 イ　4 オ　5 キ

(3) 1 イ　2 カ　3 ケ　4 ク　5 ウ

(4) 1 ク　2 オ　3 イ　4 ア　5 コ

● 次の各文にまちがって使われている同じ読みの漢字が一字ある。上に誤字を、下に正しい漢字を記せ。

1 会議を延滑に運ぶには、提案の趣旨に対する共通認識が必要だ。

2 商品への関心度の動向調査の結果、今回は応募資格を制元した。

3 有名な指揮者にも絶賛された、音響好果に優れた自慢の会場である。

4 より一層科学の振功を図り、先端技術で世界を圧倒する国にしたい。

5 国内屈視の強豪チームが、地元チームとの親善試合のために滞在中だ。

6 時代の精神を灯影した佳作の著者として有名な某氏の母校である。

7 一般家庭への普及が進んだ液晶テレビは、鮮明な営像が売りだ。

8 顧客からの苦情処理への対応には、情報の共有化と敏束な行動が必要だ。

9 利益の拡保と社会への還元が企業の使命であると社訓にある。

10 弱点の資摘は、経営体質の改善のために必要不可欠な条件である。

11 選挙演説の聴集は、候補者の力説する改革案に心酔した。

12 長年精力を注いで忠誠を尽くした会社からの突然の解顧に当惑した。

解答

1 延・円
2 元・限
3 好・効
4 功・興
5 視・指
6 灯・投
7 営・映
8 束・速
9 拡・確
10 資・指
11 集・衆
12 顧・雇

第16日 (3)

書き取り

時間 20分
合格 35

得点
1回目 /50
2回目 /50

● 次の――線のカタカナを漢字に直せ。

1 相手のイコウに添うようにする。
2 潮が速いエンガンで漁をする。
3 大雨警報がカイジョされた。
4 この計算ならカンタンだ。
5 兄は独身キゾクを楽しんでいる。
6 自転車通学のキョカをもらった。
7 集会にはケイソウで来てください。
8 神のケシンと言われる聖者。
9 ケンコウのために毎朝散歩する。
10 彼はコウキな家柄に生まれた。
11 港の周辺でゴガン計画を練る。
12 常にサイゼンを尽くしなさい。
13 父はシグレ煮が好物だ。
14 新しいジムヅクエを購《こう》入した。
15 禅《ぜん》のシュギョウの道は厳しい。
16 新しいショウジに張り替える。
17 お茶を一杯ショモウしたい。
18 スイソクだけで物事を決めるな。
19 常にセイジツな人間でありたい。
20 ソウイ工夫を凝らした作品だ。
21 点を取られたがゾクトウさせた。
22 指示が出るまでタイキしろ。

解答

1 意向
2 沿岸
3 解除
4 簡単
5 貴族
6 許可
7 軽装
8 化身
9 健康
10 高貴
11 護岸
12 最善
13 時雨
14 事務机
15 修行
16 障子
17 所望
18 推測
19 誠実
20 創意
21 続投
22 待機

23 タテグのつけかえを依頼した。
24 神に仕えるとチュウセイを誓《ちか》う。
25 テキセイな価格で販売している。
26 両国はドウメイを結んでいる。
27 体操競技はナンイドで採点する。
28 多額の相続税をノウフした。
29 バクガはビールの製造に必要だ。
30 論文のヒヒョウをしてください。
31 父が食事をフンパツしてくれた。
32 野球選手をミッチャク取材する。
33 水玉モヨウのブラウスを買う。
34 ヨウリョウを得ない内容の文だ。
35 リコテキな考え方はだめだよ。
36 休日に弟とルス番をした。

37 アヤういところを助けてもらう。
38 息子の学費をオサめた。
39 薬がキいて症《しょう》状が治まった。
40 長男にはいつもコンマけする。
41 ツバメのひながスダっていった。
42 祈願して好きな食べ物をタつ。
43 念願かなって教職にツく。
44 彼には明るい色の洋服がニアう。
45 彼はハガネの精神をもつ。
46 小鳥をかごからハナつ。
47 年月をへてダムは完成した。
48 マチカドの風景を描く画家だ。
49 体温計のメモりを読む。
50 一度腹をワって話をしよう。

23 建具
24 忠誠
25 適正
26 同盟
27 難易度
28 納付
29 麦芽
30 批評
31 奮発
32 密着
33 模様
34 要領
35 利己的
36 留守

37 危
38 納
39 効
40 根負
41 巣立
42 断
43 就
44 似合
45 鋼
46 放
47 経
48 街(町)角
49 目盛
50 割

第17日 (1)

読み

時間15分
合格35

得点
1回目 /50
2回目 /50

● 次の――線の読みをひらがなで記せ。

1 硬貨を投げて明日の天気を占う。
2 用心のため、錠をおろしておく。
3 社長が任免権を行使する。
4 今幸せかと聞くのは愚問だ。
5 給料引き上げを社長に直訴する。
6 思わず惜春賦を口ずさむ。
7 一隻の船が海上を漂っている。
8 白蛇《はくじゃ》は神の化身であると言う。
9 大学で仏教の精髄を学ぶ。
10 特赦のため、刑が軽減される。
11 非常口への誘導を任される。
12 この服は廉売で手に入れた。
13 大日本帝国憲法が公布される。
14 緩急を付けて筆を運びなさい。
15 卑屈な態度をとるのは情けない。
16 母は子の悲報に錯乱状態となる。
17 夜露にぬれた芝生は冷たい。
18 先哲の教えとして語り継ぐ。
19 奉仕活動に積極的に参加する。
20 食糧危機に陥《おちい》る危険性がある。
21 異国で死者が火葬される。
22 駐車場にはびっしりと車が並ぶ。

解答

1 こうか
2 じょう
3 にんめん
4 ぐもん
5 じきそ
6 せきしゅん
7 いっせき
8 けしん
9 せいずい
10 とくしゃ
11 ゆうどう
12 れんばい
13 ていこく
14 かんきゅう
15 ひくつ
16 さくらん
17 よつゆ
18 せんてつ
19 ほうし
20 しょくりょう
21 かそう
22 ちゅうしゃ

23 **酵母**はパンの製造に欠かせない。

24 この歌は**欧米**諸国で流行した。

25 **藩主**として当地を支配する。

26 試合の終了後は**虚脱**感に陥《おちい》る。

27 **慈母**の愛に包まれて育つ。

28 **平穏**無事な生活を期待している。

29 彼だけがクラスの中で**孤立**した。

30 **闘鶏**は昔から行われていた。

31 今回の失敗に**悔悟**の涙を流す。

32 会長に**随行**して施設を訪問する。

33 ごみ処理場は**飽和**状態である。

34 運動会の**騎馬**戦で勝利する。

35 上司の**了解**を得て業務を進める。

36 **陪席**の栄に浴する機会を得る。

37 **菊人形**が飾られた公園を歩く。

38 **即興**で歌を作り、伴奏をつける。

39 ダイナミックな**魔術**が得意だ。

40 **下手**な字で書き初めに挑《いど》む。

41 図書室で「**今昔物語集**」を読む。

42 名所旧跡を**巡**る旅に出る。

43 王様の**冠**が博物館に展示される。

44 そうは**問屋**が卸さない。

45 このおもちゃで遊ぶのは**飽**きた。

46 **速**やかにここを立ち去りなさい。

47 寺で修行して**悟**りを開いた。

48 芸能界は一見**華**やかに見える。

49 **鋳型**にはめるような教育である。

50 バッグに荷物を**詰**めて支度する。

---

23 こうぼ
24 おうべい
25 はんしゅ
26 きょだつ
27 じぼ
28 へいおん
29 こりつ
30 とうけい
31 かいご
32 ずいこう
33 ほうわ
34 きば
35 りょうかい
36 ばいせき
37 きくにんぎょう
38 そっきょう
39 まじゅつ
40 へた
41 こんじゃく
42 めぐ
43 かんむり
44 とんや
45 あ
46 すみ
47 さと
48 はな
49 いがた
50 つ

第17日 (2)

部首、対義語・類義語

時間20分
合格26

得点
1回目 /36
2回目 /36

● 次の漢字の部首をア～エから一つ選び、記号で答えよ。

1 建（ア 廴 イ 一 ウ 聿 エ 十）
2 業（ア 一 イ 羊 ウ 木 エ 二）
3 裁（ア 土 イ 衣 ウ 戈 エ 丶）
4 翻（ア 禾 イ 米 ウ 田 エ 羽）
5 髄（ア 骨 イ 辶 ウ 一 エ 月）
6 碑（ア 丶 イ 石 ウ 田 エ 十）
7 審（ア 宀 イ 禾 ウ 米 エ 田）
8 某（ア 一 イ 甘 ウ 木 エ 十）
9 蒸（ア 艹 イ 水 ウ 一 エ 灬）
10 慈（ア 丶 イ 一 ウ 幺 エ 心）
11 卑（ア 丶 イ 田 ウ 十 エ 一）
12 将（ア 丬 イ ノ ウ ⺍ エ 寸）
13 励（ア 厂 イ 刀 ウ 力 エ 方）
14 掛（ア 扌 イ 土 ウ 丨 エ 卜）
15 凍（ア 冫 イ 一 ウ 日 エ 木）
16 暫（ア 車 イ ノ ウ 斤 エ 日）
17 戯（ア 虍 イ 戈 ウ 丶 エ ノ）
18 疾（ア 广 イ 疒 ウ 矢 エ 大）

解答

1 ア　2 ウ　3 イ　4 エ　5 ア　6 イ　7 ア　8 ウ　9 ア
10 エ　11 ウ　12 エ　13 ウ　14 ア　15 ア　16 エ　17 イ　18 イ

● 後の［　］内のひらがなを漢字に直して□に入れ、対義語・類義語を作れ。［　］内のひらがなは一度だけ使い、一字記せ。

対義語

1 穏和 ― 粗□
2 故意 ― □失
3 甘言 ― □言
4 上昇 ― □下
5 是認 ― □認
6 平行 ― 交□
7 孤立 ― □帯
8 辛勝 ― 惜□
9 反抗 ― □従

類義語

10 強硬 ― 強□
11 征伐 ― □治
12 有数 ― 屈□
13 了承 ― □諾
14 機構 ― □織
15 奇抜 ― 突□
16 不穏 ― 険□
17 展示 ― 陳□
18 老練 ― □熟

あく・いん・えん・か・きょ・く・こう・さ・し・そ・たい・はい・ひ・ぴ・ふく・ぼう・れつ・れん

解答

1 暴　2 過　3 苦　4 降　5 否　6 差　7 連　8 敗　9 服
10 引　11 退　12 指　13 許　14 組　15 飛　16 悪　17 列　18 円

第17日 (3)

書き取り

時間 20分　合格 35

得点　1回目 /50　2回目 /50

● 次の――線のカタカナを漢字に直せ。

1 先師のイシを継いで努力する。
2 漫才と落語のエンゲイ大会。
3 フランスカクメイの講義を聴く。
4 党のカンブ会で方針を決める。
5 彼女はキヒンのある女性だ。
6 キリツある生活をしなさい。
7 子どもがお寺のケイダイで遊ぶ。
8 ケッキンの連絡をする。
9 集合時間はゲンシュしてください。
10 急死の知らせにゴウキュウした。
11 荒々しいコキュウで入ってきた。
12 型紙に合わせてサイダンする。
13 ジコ中心的な行動は取るな。
14 ジャクネンソウで話題の商品。
15 ショクジュをして緑を守ろう。
16 新しい職場でショウジンの毎日。
17 事後ショリまでやりなさい。
18 地面に対してスイチョクな線だ。
19 温泉地でゆっくりセイヨウする。
20 これはクラス全員のソウイだ。
21 君には絵のソヨウがある。
22 君は均整のとれたタイケイだ。

解答

1 遺志
2 演芸
3 革命
4 幹部
5 気品
6 規律
7 境内
8 欠勤
9 厳守
10 号泣
11 呼吸
12 裁断
13 自己
14 若年層
15 植樹
16 精進
17 処理
18 垂直
19 静養
20 総意
21 素養
22 体型

23 新政府は大改革をダンコウした。
24 鳴門《なると》海峡はチョウリュウが速い。
25 両陣営は互いにテキタイした。
26 今回はトクレイとして認める。
27 努力しナンカン大学に合格する。
28 寺にハイカン料を支払う。
29 夕暮れのハトバを二人で歩いた。
30 事務用ビヒンの調達をする。
31 ベイコク店に各地の銘《めい》柄が並ぶ。
32 ミッペイ容器に果実酒を入れる。
33 祖父はユイゴンを残した。
34 ヨクシュンの旅の計画を立てる。
35 唐代に作られたリッシを読む。
36 実力の差はレキゼンとしている。

37 雲間から太陽がアラワれた。
38 学問をオサめることが仕事だ。
39 戦国大名がキズいた城がある。
40 親の意見にサカらうことがある。
41 これは謝ってスむ問題ではない。
42 新聞紙をタテナガに切って使う。
43 父が経営する会社にツトめる。
44 僕《ぼく》は思わずニガワラいをした。
45 学校までの距離をハカる。
46 彼はバナれした話し方をする。
47 ホしい物はたくさんある。
48 ミゼニを切って講習に参加した。
49 経験にモトづいて配属させる。
50 彼の柔道のワザには切れ味がある。

---

23 断行
24 潮流
25 敵対
26 特例
27 難関
28 拝観
29 波止場
30 備品
31 米穀
32 密閉
33 遺言
34 翌春
35 律詩
36 歴然

37 現
38 修
39 築
40 逆
41 済
42 縦長
43 勤
44 苦笑
45 測
46 場慣
47 欲
48 身銭
49 基
50 技

第18日 (1)

読み

時間15分 合格35

得点 1回目 /50 2回目 /50

● 次の――線の読みをひらがなで記せ。

1 祖母は今年米寿を迎える。
2 拓本を取って碑文を解読する。
3 彼の工房で作品展を催す。
4 間違いを訂正し、おわびする。
5 生徒会の募金活動に参画する。
6 技巧を凝らして作品を仕上げる。
7 彼には排他的な傾向がある。
8 残虐な事件が後を絶たない。
9 特殊なメイクで人を驚かす。
10 虐殺の歴史は繰り返すまい。
11 邪悪な心を厳しく戒める。
12 無邪気な子どもの寝顔を眺《なが》める。
13 事件後、虚無感がぬぐえない。
14 陶芸作品を県展に出品する。
15 粘液質の人は冷静で忍《にん》耐強い。
16 走者一掃のホームランを打つ。
17 日本人は昔、穴居生活をしていた。
18 急な悲報に慨然として涙を流す。
19 晩鐘がもの悲しく響く。
20 犯罪者に対し恩赦が執行される。
21 粗悪なにせ物にだまされるな。
22 グライダーが滑空する姿を見る。

解答

1 べいじゅ
2 ひぶん
3 こうぼう
4 ていせい
5 ぼきん
6 ぎこう
7 はいた
8 ざんぎゃく
9 とくしゅ
10 ぎゃくさつ
11 じゃあく
12 むじゃき
13 きょむ
14 とうげい
15 ねんえき
16 いっそう
17 けっきょ
18 がいぜん
19 ばんしょう
20 おんしゃ
21 そあく
22 かっくう

23 大水で国道が冠水する。
24 書籍販売の仕事に従事する。
25 事情を顧慮して対応する。
26 死体を遺棄した罪に問われる。
27 自分の過去を赤裸々に告白する。
28 県の文教施策が見直される。
29 胞子を顕《けん》微鏡で観察する。
30 木彫りのペンダントを買う。
31 隣国とは友邦でありたい。
32 留置場に友人が拘禁される。
33 おみくじで大吉を引き当てる。
34 国王が我が子に譲位する。
35 この辺りは昔は桑畑であった。
36 生徒は清掃活動に熱心である。

37 相談は随時受け付けている。
38 抽選会場が大いににぎわう。
39 さすがに落胆の色は隠せない。
40 猟犬がいのししを見つける。
41 祖父は老衰で亡くなった。
42 早乙女による田植えが行われる。
43 迷子になった子犬を拾う。
44 納豆は古来寺院で作られた。
45 稲光が暗い夜空を明るくした。
46 草むらに体を伏せて隠れる。
47 物腰の柔らかい上品な女性だ。
48 大がかりな仕掛けで盛り上げる。
49 お転婆娘と呼ばれた少女時代だ。
50 瀬戸際で流出を食い止める。

---

23 かんすい
24 しょせき
25 こりょ
26 いき
27 せきらら
28 しさく
29 ほうし
30 きぼ
31 ゆうほう
32 こうきん
33 だいきち
34 じょうい
35 くわばたけ
36 せいそう

37 ずいじ
38 ちゅうせん
39 らくたん
40 りょうけん
41 ろうすい
42 さおとめ
43 まいご
44 なっとう
45 いなびかり
46 ふ
47 ものごし
48 しか
49 てんば
50 せとぎわ

第18日 (2)

熟語の構成、漢字と送りがな

時間20分
合格28

得点
1回目 /40
2回目 /40

● 熟語の構成のしかたには次のようなものがある。

ア 同じような意味の漢字を重ねたもの（岩石）
イ 反対または対応の意味を表す字を重ねたもの（高低）
ウ 上の字が下の字を修飾しているもの（洋画）
エ 下の字が上の字の目的語・補語になっているもの（着席）
オ 上の字が下の字の意味を打ち消しているもの（非常）

次の熟語は右のア～オのどれにあたるか、一つ選び、記号で答えよ。

1 喫煙
2 廉価
3 不審
4 賞罰
5 衝突

6 虚実
7 偶発
8 未完
9 昇格
10 濃紺

11 隔離
12 攻守
13 聴講
14 佳境
15 湿潤

解答

1 エ
2 ウ
3 オ
4 イ
5 ア
6 イ
7 ウ
8 オ
9 エ
10 ウ
11 ア
12 イ
13 エ
14 ウ
15 ア

● 次の——線のカタカナを漢字一字と送りがな（ひらがな）に直せ。

〈例〉 問題にコタエル。 答える

1 質問に対して手をアゲル。
2 貴重品をアズカル。
3 進むべき道をアヤマルな。
4 自らの人生をカエリミル。
5 ようやく自分の考えがカタマル。
6 彼は感キワマッて泣き出した。
7 芸の道をキワメル人生だった。
8 世界初の実験をココロミル。
9 子どもがスコヤカニ成長した。
10 借金の支払いをスマセた。
11 畑をタガヤスのを手伝った。
12 支度してタダチニ出発しなさい。
13 口をトザシて何も話さない。
14 海にノゾンだ部屋からの眺《なが》め。
15 結論にミチビク貴重な資料だ。
16 君の恩にムクイルことがしたい。
17 選手にファンがムラガッている。
18 だれにでもできるヤサシイ仕事。
19 気力をヤシナッて再挑戦だ。
20 今年で会長をヤメルつもりだ。
21 しめやかに法要がイトナマレた。
22 この件は君にすべてをマカセル。
23 向かってくる敵をシリゾケル。
24 根拠にモトヅイた説明が必要だ。
25 イチジルシイ進展を見せた。

解答

1 挙げる
2 預かる
3 誤る
4 省(顧)みる
5 固まる
6 極まっ
7 究(極)める
8 試みる
9 健やかに
10 済ませ
11 耕す
12 直ちに
13 閉ざし
14 臨ん
15 導く
16 報いる
17 群がっ
18 易しい
19 養っ
20 辞める
21 営まれ
22 任せる
23 退ける
24 基づい
25 著しい

第18日（3）

書き取り

時間20分　合格35

得点　1回目　/50　2回目　/50

● 次の――線のカタカナを漢字に直せ。

1 最後まで自分のイシを貫く。
2 小さい庭だがエンゲイをしたい。
3 カゲキな発言はしないように。
4 食糧問題にキインする争いだ。
5 キミツ文書を倉庫で保管する。
6 キンゾク製のとびらを開く。
7 ゲイノウカイにあこがれてきた。
8 ケッソクして劇を作り上げた。
9 国連ケンショウの精神を大切に。
10 彼の頑《がん》固さにはコウサンだ。
11 仏法をゴジすることを誓《ちか》った僧。
12 教員のサイヨウ試験に合格した。
13 シコウ錯誤の末ついに完成した。
14 相当のシュウエキがあるはずだ。
15 継続事業をシュクショウした。
16 障害物をジョキョする。
17 彼は現在のシンキョウを語った。
18 出し入れをスイトウ帳で調べる。
19 セキタンストーブが懐《なつ》かしい。
20 成功すればゾウエキにつながる。
21 僕《ぼく》は父をソンケイしている。
22 寄らばタイジュのかげという。

解答

1 意志　2 園芸　3 過激　4 起因　5 機密　6 金属　7 芸能界　8 結束　9 憲章　10 降参　11 護持

12 採用　13 試行　14 収益　15 縮小　16 除去　17 心境　18 出納　19 石炭　20 増益　21 尊敬　22 大樹

23 この仕事のタントウ者は私です。
24 石油をチョゾウするタンク。
25 鳥類は昆《こん》虫のテンテキである。
26 川はドシャでいっぱいになった。
27 ニイヅマのために歌をささげた。
28 病院でノウハの検査をした。
29 ハンチョウの指示に従いなさい。
30 何事にもヒョウリのない人物だ。
31 二隊に分かれヘイシンする。
32 ミヤゲを持ってふるさとに帰る。
33 バスや電車にユウセン席がある。
34 ヨクジョウに石けんを忘れた。
35 彼はリッパな業績を残した。
36 キョウレツな印象が残っている。

37 熱はないが朝から頭がイタい。
38 買い物に行く母のおトモをした。
39 キズグチを消毒しておきなさい。
40 罪をサバくのが判事の仕事だ。
41 大量のポスターをスり上げた。
42 新しいタテモノに興味をもった。
43 牧師は人の道をトく。
44 閉店間際でネビきをしてもらう。
45 よい映画だと好評をハクした。
46 テントをハってキャンプをした。
47 ベランダに洗濯《たく》物をホす。
48 だれもが彼の実力をミトめる。
49 モミジ狩りを楽しんだ。
50 二階の戸締まりをワスれた。

23 担当　24 貯蔵　25 天敵　26 土砂　27 新妻　28 脳波　29 班長　30 表裏　31 並進　32 土産　33 優先　34 浴場　35 立派　36 強烈

37 痛　38 供　39 傷口　40 裁　41 刷　42 建物　43 説　44 値引　45 博　46 張　47 干　48 認　49 紅葉　50 忘

第19日 (1)

読み

時間15分 合格35

得点 1回目 /50 2回目 /50

● 次の——線の読みをひらがなで記せ。

1 人の邪魔をしてはいけない。
2 広大な丘陵に羊を放牧する。
3 変幻自在の様子に周りが驚いた。
4 食糧を携行して登山に向かう。
5 宮内庁に侍従として勤める。
6 彼は既婚者であり子どももいる。
7 桃太郎は鬼を征伐して帰った。
8 博物館で金塊を展示している。
9 当方の事情をご賢察ください。
10 毒舌家として有名な作家だ。
11 穏当な意見として取り上げる。
12 裸子植物を観察して絵を描く。
13 合掌造りの民家を訪れる。
14 ご所望の品をお届けします。
15 会議で諾否を問うことにしよう。
16 締約国との話し合いをもつ。
17 漂泊の思いに駆られる。
18 固体が気体になるのは昇華だ。
19 異邦人として区別される。
20 脳髄は頭がい骨で覆われている。
21 墨跡鮮やかな掛け軸をつるす。
22 毎日心を込めて掃除をしよう。

解答

1 じゃま
2 きゅうりょう
3 へんげん
4 けいこう
5 じじゅう
6 きこん
7 せいばつ
8 きんかい
9 けんさつ
10 どくぜつ
11 おんとう
12 らし
13 がっしょう
14 しょもう
15 だくひ
16 ていやく
17 ひょうはく
18 しょうか
19 いほう
20 のうずい
21 ぼくせき
22 そうじ

23 血液が凝固し、こびり付く。
24 世襲制によって受け継がれる。
25 歴史で仏教の興隆を学ぶ。
26 某日某所で撮影が行われる。
27 長年の遺恨を晴らす。
28 祖父は駐留軍に属していた。
29 先生から含蓄のある話を聞く。
30 結婚十五年を水晶婚と言う。
31 硬式野球のチームで活躍する。
32 青い海に帆船が浮かんで美しい。
33 祖父母は山峡の村に住んでいる。
34 無実の罪で投獄される。
35 海賊に襲われ財貨を強奪される。
36 甘い誘惑のわなに引っかかる。

37 名匠の手で作られた工芸品だ。
38 排尿の機能が衰えている。
39 その点はどうかご了承ください。
40 朝顔の花は漏斗の形をしている。
41 再来年に長男が小学生となる。
42 二十歳の記念に写真を撮る。
43 なくて七癖あって四十八癖
44 彼女のほおを涙の滴がつたう。
45 大海原を行き来する船を眺《なが》める。
46 両者の言い分に隔たりがある。
47 墓場での肝試しは泣くほど怖い。
48 こんな事態を起こして面目ない。
49 瀬踏みをしてから実行する。
50 彼は故あって転職をした。

---

23 ぎょうこ
24 せしゅう
25 こうりゅう
26 ぼうじつ
27 いこん
28 ちゅうりゅう
29 がんちく
30 すいしょう
31 こうしき
32 はんせん
33 さんきょう
34 とうごく
35 かいぞく
36 ゆうわく

37 めいしょう
38 はいにょう
39 りょうしょう
40 ろうと
41 さらいねん
42 はたち（にじっさい）
43 ななくせ
44 しずく
45 うなばら
46 へだ
47 きもだめ
48 めんぼく（めんもく）
49 せぶ
50 ゆえ

第15日
第16日
第17日
第18日
第19日
第20日
第21日

第19日 (2)

同音・同訓異字、四字熟語

時間20分 合格26

得点 1回目 /36 2回目 /36

● 次の——線のカタカナにあてはまる漢字をそれぞれのア～オから一つ選び、記号で答えよ。

1 事情をカン案して決定する。
2 カン燥した肌には水分を補おう。
3 緊張とカン和を繰り返す。
(ア 乾 イ 勘 ウ 緩 エ 感 オ 勧)

4 休ケイ時間にはサッカーをする。
5 ケイ示物を取り外して新しくする。
6 養ケイ場の掃除を手伝った。
(ア 啓 イ 掲 ウ 憩 エ 鶏 オ 警)

7 いつも君のそばにイるよ。
8 的を目がけて白い矢をイる。
9 明日、給食費がイるからね。
(ア 鋳 イ 入 ウ 居 エ 要 オ 射)

10 近所の神社をハイ観する。
11 宅ハイ便を利用する。
12 ハイ筋を鍛える運動。
(ア 拝 イ 敗 ウ 俳 エ 背 オ 配)

13 ホウ食の時代に育つ子どもたち。
14 他人の模ホウではいけない。
15 母は裁ホウがとても上手だ。
(ア 縫 イ 奉 ウ 倣 エ 放 オ 飽)

16 着物を着て帯をシめる。
17 妻帯者が九割をシめる。
18 首をシめて殺された事件。
(ア 占 イ 絞 ウ 閉 エ 締 オ 敷)

解答

1 イ 2 ア 3 ウ
4 ウ 5 イ 6 エ
7 ウ 8 オ 9 エ
10 ア 11 オ 12 エ
13 オ 14 ウ 15 ア
16 エ 17 ア 18 イ

● 文中の四字熟語の——線のカタカナを漢字に直せ。

1 優勝してキショク満面になる。
2 委員会でギロン百出する。
3 事後ショウダクで申し訳ない。
4 事実ムコンのうわさ話だ。
5 彼の兄はシソウ堅固な人だ。
6 シタサキ三寸で世渡りする。
7 シリョ分別に欠ける行いだ。
8 前後フカクに酔いつぶれる。
9 大胆フテキな行動に出る。
10 単純メイカイな回答を得る。
11 天衣ムホウな作品を展示する。
12 合格してトクイ満面だ。
13 ヘイオン無事な生活を望む。
14 ムミ乾燥な文章を練り直す。
15 優柔フダンな性格がいやだ。
16 彼はいつも用意シュウトウだ。
17 立身シュッセの人生を歩む。
18 コウウン流水の人生だ。

解答

1 喜色満面《きしょくまんめん》　喜びを顔全体に表すこと。
2 議論百出《ぎろんひゃくしゅつ》　さまざまな意見が次々と出てくること。
3 事後承諾《じごしょうだく》　事の終了後に承諾を求めること。
4 事実無根《じじつむこん》　全く事実に基づいていないこと。
5 志操堅固《しそうけんご》　志を守り、簡単には動かないこと。
6 舌先三寸《したさきさんずん》　口先だけの巧みな弁舌。
7 思慮分別《しりょふんべつ》　深く考え、道理を心得ていること。
8 前後不覚《ぜんごふかく》　前後がわからないほどになること。
9 大胆不敵《だいたんふてき》　何者をも恐れないこと。
10 単純明快《たんじゅんめいかい》　複雑でなくすっきりしていること。
11 天衣無縫《てんいむほう》　技巧を凝らさず飾り気のないさま。
12 得意満面《とくいまんめん》　いかにも満足そうな様子。
13 平穏無事《へいおんぶじ》　穏やかで変わったことがないこと。
14 無味乾燥《むみかんそう》　味わいやうるおいがないこと。
15 優柔不断《ゆうじゅうふだん》　ぐずぐずして決断が鈍いこと。
16 用意周到《よういしゅうとう》　準備が整って手抜かりのないこと。
17 立身出世《りっしんしゅっせ》　高い地位に就き、有名になること。
18 行雲流水《こううんりゅうすい》　物に応じ事に従って行動すること。

第19日 (3)

書き取り

時間20分 合格35

得点 1回目 /50 2回目 /50

● 次の——線のカタカナを漢字に直せ。

1 ウモウ布団を購入《こう》する。
2 彼はオオスジで罪を認めた。
3 大好きなカシを手帳に書き写した。
4 相手にキガイを加えたら負けだ。
5 難民キュウサイのために働いた。
6 日本人はキンベンな国民である。
7 首相官邸《てい》のケイビを厳しくする。
8 ケビョウを使って学校を休んだ。
9 暗室で写真をゲンゾウする。
10 コウソウビルが立ち並ぶ大都市。
11 最近はコメダワラを目にしない。
12 敵の動きをサッチして行動した。
13 電車の発車ジコクを調べる。
14 ジュウコウな作品に仕上がった。
15 シュクメイだと思いあきらめる。
16 彼はショセイにたけた男だ。
17 シンキョウ著しいものがある。
18 幼児はスナバで遊ぶのが好きだ。
19 私は今幸福のゼッチョウだ。
20 店はソウギョウして百年になる。
21 人のソンゲンを守るのが基本だ。
22 経営のタイセイを立て直す。

解答

1 羽毛
2 大筋
3 歌詞
4 危害
5 救済
6 勤勉
7 警備
8 仮病
9 現像
10 高層
11 米俵
12 察知
13 時刻
14 重厚
15 宿命
16 処世
17 進境
18 砂場
19 絶頂
20 創業
21 尊厳
22 体制

23 今年はダントウになるらしい。

24 場所だけならテイキョウするよ。

25 絵画のテンラン会に行く。

26 人事異動のためにナイシンする。

27 ニュウギュウを飼育する酪《らく》農家。

28 それはハイシン行為である。

29 バンネンは静かに生活したい。

30 選挙応援でベンゼツを振るった。

31 事件はメイキュウ入りした。

32 僕《ぼく》は健康ユウリョウジだった。

33 ヨクブカい人間にはならない。

34 健康にリュウイして過ごす。

35 彼女は大変メイロウ快活な人だ。

36 ヒワれした鏡もちを細かく砕《くだ》く。

37 彼女の心をイトめる男性がいた。

38 母は毎日自宅で機をオっている。

39 滝に打たれて身をキヨめた。

40 悔しそうにシタウちをした。

41 大きな荷物をセオわされた。

42 母はタマゴヤきが得意だ。

43 数学の問題をトくのが好きだ。

44 芝生の雑草を取りノゾく。

45 ハゲしい雨風の中を出かけた。

46 故郷を離れてからヒサしい。

47 こうなれば運を天にマカせよう。

48 食べ過ぎてムネヤけがする。

49 大皿に山海の珍味をモりつけた。

50 ワタクシゴトには立ち入るな。

---

23 暖冬
24 提供
25 展覧
26 内申
27 乳牛
28 背信
29 晩年
30 弁舌
31 迷宮
32 優良児
33 欲深
34 留意
35 明朗
36 干割

37 射止
38 織
39 清
40 舌打
41 背負
42 卵焼
43 解
44 除
45 激
46 久
47 任
48 胸焼
49 盛
50 私事

第20日 (1)

読み

時間 15分
合格 35

得点
1回目 /50
2回目 /50

● 次の――線の読みをひらがなで記せ。

1 堺市《さかいし》には仁徳天皇の陵墓がある。
2 将軍はこの地に城郭を構えた。
3 権力に迎合するのはよくない。
4 風光絶佳の地として有名だ。
5 一審判決を不服として控訴する。
6 電車の車掌に行き先を尋ねる。
7 彼の父は選挙参謀として働いた。
8 小麦粉を練ってパイ生地を作る。
9 その意見は強硬に反対された。
10 清貧に甘んじて生きていく。
11 華道の師範として教室を開く。
12 伸縮性に富む素材でできている。
13 私の父は牧畜業を営んでいる。
14 彼は能吏として活躍している。
15 レコードで邦画音楽を楽しむ。
16 彼は俳句の宗匠として名高い。
17 長寿の秘けつはよく食べることだ。
18 ヨットがすいすいと帆走する。
19 有無を言わせず連れて行く。
20 粗製濫造は信用を落とすよ。
21 南蛮渡来の絵画を手に入れる。
22 某所で行われた演説会に行く。

解答

1 りょうぼ
2 じょうかく
3 げいごう
4 ぜっか
5 こうそ
6 しゃしょう
7 さんぼう
8 きじ
9 きょうこう
10 せいひん
11 かどう
12 しんしゅく
13 ぼくちく
14 のうり
15 ほうが
16 そうしょう
17 ちょうじゅ
18 はんそう
19 うむ
20 らんぞう
21 なんばん
22 ぼうしょ

23 あの子はまだ音符が読めない。
24 武道の極意を伝授する。
25 書類に脱漏がないよう点検する。
26 彼の財産は皆無に等しい。
27 娘は自炊して大学生活を送る。
28 卒業証書授与原簿を作成する。
29 倒錯して反社会的な行動をとる。
30 緩慢な運動を繰り返している。
31 水墨画に描かれた風景のようだ。
32 催眠術にかかりやすい体質だ。
33 麦芽はビールの製造に使われる。
34 網膜は眼球の最も内部にある。
35 緊急に会議を招集し、話し合う。
36 減税対策の要綱を取りまとめる。

37 意匠を凝らした工芸品がそろう。
38 浪人生活の末、大学に合格する。
39 彼のやり方は卑劣だ。
40 大和政権は現在の奈良にあった。
41 三味線と太鼓で陽気に踊る。
42 警官が容疑者に手錠をかけた。
43 稲の穂は実るほど頭を垂れる。
44 怠けていないで働きなさい。
45 二十日間の休養を命じられた。
46 積年の恨みを晴らす。
47 滝口まで降りて景色を眺《なが》める。
48 締め切りには間に合わない。
49 彼の髪の毛には癖がある。
50 酔った勢いでけんかを売る。

23 おんぷ	24 ごくい	25 だつろう	26 かいむ	27 じすい	28 げんぼ	29 とうさく	30 かんまん	31 すいぼく	32 さいみん	33 ばくが	34 もうまく	35 きんきゅう	36 ようこう
37 いしょう	38 ろうにん	39 ひれつ	40 やまと	41 しゃみせん	42 てじょう	43 ほ	44 なま	45 はつか	46 うら	47 たきぐち	48 し	49 くせ	50 よ

第20日 (2) 漢字識別、誤字訂正

時間 20分
合格 23

得点
1回目 /32
2回目 /32

● 次の1〜5の三つの□に共通する漢字を入れて熟語を作れ。漢字は下のア〜コから一つ選び、記号で答えよ。

(1)

1 □帯・胃□・紙□
2 □越・□見・食□
3 □回・争□・略□
4 魂□・大□・落□
5 □工・□刻・□像

ア 知	ウ 胆	オ 金	キ 奪	ケ 議
イ 袋	エ 温	カ 卓	ク 木	コ 彫

(2)

1 □越・□人・□然
2 □火・□静・□痛
3 □号・切□・□合
4 □線・起□・潜□
5 □記・名□・帳□

ア 消	ウ 鎮	オ 不	キ 薄	ケ 超
イ 符	エ 貫	カ 伏	ク 直	コ 典

(3)

1 □壊・□御・□落
2 欠□・耐□・貧□
3 □氏・□社・□国
4 □守・水□・□絵
5 □了・□力・□惑

ア 破	ウ 崩	オ 死	キ 点	ケ 墨
イ 某	エ 平	カ 乏	ク 魅	コ 完

(4)

1 掲□・高□・抑□
2 □護・□立・抱□
3 □獲・□読・□用
4 決□・破□・分□
5 □費・波□・放□

ア 浪	ウ 愛	オ 裂	キ 載	ケ 経
イ 保	エ 擁	カ 心	ク 揚	コ 濫

解答

(1) 1 イ 2 カ 3 キ 4 ウ 5 コ
(2) 1 ケ 2 ウ 3 イ 4 カ 5 キ
(3) 1 ウ 2 カ 3 イ 4 ケ 5 ク
(4) 1 ク 2 エ 3 コ 4 オ 5 ア

● 次の各文にまちがって使われている同じ読みの漢字が一字ある。上に誤字を、下に正しい漢字を記せ。

□ 1 地域の篤志家による貴贈があり、学校の蔵書数が倍増した。

□ 2 失敗の要因を解明することなく、ただ自己弁語を繰り返すばかりだ。

□ 3 新型の病に対する特効薬はなく、栄養保給と安静が必要だ。

□ 4 校庭の掃除当番表の順番を仲実に守ることにより秩序が保たれる。

□ 5 組織にも新陳代捨が求められ、依願退職を募り陣容の刷新を図る。

□ 6 機能性を重視した住環境を宴出するために、部屋の模様替えを行った。

□ 7 連休中は野球実戦を経験するために延征に出る計画を練っている。

□ 8 不透明な国際関係の中、朝の新聞の社説で世界情勢を回説していた。

□ 9 事業運営の妨げとなっている問題点を除挙することから開始せよ。

□ 10 最新の技術を駆志し、燃費効率を高めた環境に優しい車である。

□ 11 新入社員の研習会で、人間関係の構築や余暇の使い方の講話をした。

□ 12 資格の取得が趣味である彼は、このたび特殊技脳の検定に挑戦した。

解答

1 貴・寄
2 語・護
3 保・補
4 仲・忠
5 捨・謝
6 宴・演
7 延・遠
8 回・解
9 挙・去
10 志・使
11 習・修
12 脳・能

第20日 (3) 書き取り

時間20分 合格35

得点 1回目 /50 2回目 /50

● 次の――線のカタカナを漢字に直せ。

1 今日のウンセイをテレビで見る。
2 祖父は毎朝おキョウを唱える。
3 弦《げん》楽ガッソウの発表会に行く。
4 俳句にはキゴを入れなさい。
5 彼は手先がキヨウな外科医だ。
6 今日はキンロウ感謝の日で休み。
7 販売競争がゲキカしている。
8 ケンアクなムードになってきた。
9 ゴウインに進めると反発がある。
10 温泉のコウノウが書いてある。
11 経営のコンカンにかかわる問題。
12 姉は看護師のシカクを持つ。
13 恩師の言葉を人生のシシンとする。
14 血管がシュウシュクしやすい。
15 シラカバのジュヒがはがれる。
16 埋蔵品に対するショセツがある。
17 隣国とシンゼンを深める。
18 家を出るスンゼンに来客がある。
19 毎朝センガンをして出かける。
20 京都にある華道のソウケである。
21 事業のソンゾクが危ぶまれる。
22 思わぬタカネがついた品物。

解答

1 運勢	2 経	3 合奏	4 季語	5 器用	6 勤労	7 激化	8 険悪	9 強引	10 効能	11 根幹
12 資格	13 指針	14 収縮	15 樹皮	16 諸説	17 親善	18 寸前	19 洗顔	20 宗家	21 存続	22 高値

23 祖父はチイキの世話役をした。
24 新幹線はテイコクに発車した。
25 政策はトウギにかけて決める。
26 ナイミツにしておいてください。
27 建設には県のニンカが必要だ。
28 本日課長をハイメイしました。
29 靴《くつ》などのヒカク製品の工場。
30 突然のフクツウに苦しめられた。
31 ついに伝家のホウトウを抜いた。
32 彼とはメンシキがなかった。
33 かけられたヨウギは晴らす。
34 映画の前に次作のヨコクがある。
35 川のリュウイキに広がる田園。
36 数々のロンセンをくぐり抜けた。
37 四番打者を三振にウち取った。
38 郊外に新居をカマえる。
39 クビスジに薬を塗る。
40 あなたの判断に必ずシタガう。
41 小ゼニを持ち歩く。
42 実力をタメす絶好の機会だ。
43 猟師は一発で獲物を仕トめた。
44 ハイイロの空から雨が降る。
45 毎朝屋上にハタを揚げている。
46 ヒツジカいの少年が草原を行く。
47 看護師に包帯をマいてもらう。
48 獲物にムラがるハイエナだ。
49 ヤサしい問題を出してください。
50 入場料のワリビキ券を渡した。

23 地域
24 定刻
25 党(討)議
26 内密
27 認可
28 拝命
29 皮革
30 腹痛
31 宝刀
32 面識
33 容疑
34 予告
35 流域
36 論戦
37 討(打)
38 構
39 首筋
40 従
41 銭
42 試
43 留
44 灰色
45 旗
46 羊飼
47 巻
48 群
49 易
50 割引

第21日 (1)

読み

時間15分 合格35

得点 1回目 /50 2回目 /50

● 次の——線の読みをひらがなで記せ。

1 要請に応じて救急隊が出動する。
2 再審でも彼は有罪となった。
3 共同謀議により実現に近づく。
4 既知の事実として伝わっている。
5 彼の姉は信託銀行に勤めている。
6 十世紀ごろ摂関政治が行われた。
7 校舎の営繕費を計上する。
8 今こそ抜本的な改革が必要だ。
9 名検事として敏腕をふるう。
10 河畔の桜並木は今満開だ。
11 虚栄を張ると苦しむのは自分だ。
12 貯蔵している冷凍食品を食べる。
13 野卑な言葉はできるだけ慎もう。
14 彼は壇上から支援を訴えた。
15 目の前を全力疾走で駆け抜ける。
16 二人で鶏舎を毎日掃除する。
17 日没まではまだ間がある。
18 彼は獄中から手紙をよこした。
19 赦免状が提出され刑が軽くなる。
20 それを言うと墓穴を掘るよ。
21 縄文《じょうもん》時代に作られた土偶だ。
22 排気ガスを減らす対策をとる。

解答

1 ようせい
2 さいしん
3 ぼうぎ
4 きち
5 しんたく
6 せっかん
7 えいぜん
8 ばっぽん
9 びんわん
10 かはん
11 きょえい
12 れいとう
13 やひ
14 だんじょう
15 しっそう
16 けいしゃ
17 にちぼつ
18 ごくちゅう
19 しゃめん
20 ぼけつ
21 どぐう
22 はいき

23 怪奇現象としてマスコミが騒ぐ。
24 サケは産卵のため川を上る。
25 何事にも根気が肝要だ。
26 古書を綿密に校訂する。
27 裁判所で意見陳述が行われる。
28 選手が他の球団へ移籍する。
29 昇降口から出入りしてください。
30 それは賢明な策だと思う。
31 数隻の漁船が今まさに出港する。
32 寺院の回廊をゆっくりと渡る。
33 彼女のピアノ伴奏で歌を歌う。
34 緊張していたがしっかり答えた。
35 縫製のしっかりした服を着る。
36 楼門のある立派な家を構える。

37 お歳暮の品を百貨店で吟《ぎん》味した。
38 双方の意見に食い違いがある。
39 濫伐は環境破壊につながる。
40 四月八日に新学期が始まる。
41 天井裏で何か物音がする。
42 湿った空気が漂っていた。
43 立ち上がった拍子に足をくじく。
44 ひな壇にお内裏様を飾る。
45 弟は背伸びして遠くを見ている。
46 待ち焦がれた日がやって来た。
47 御飯を炊いて夕食を作ろう。
48 心なしか彼の目は潤んでいた。
49 青い海に白い帆がよく似合う。
50 台風で横殴りの雨が降る。

---

23 かいき
24 さんらん
25 かんよう
26 こうてい
27 ちんじゅつ
28 いせき
29 しょうこう
30 けんめい
31 すうせき
32 かいろう
33 ばんそう
34 きんちょう
35 ほうせい
36 ろうもん

37 せいぼ
38 そうほう
39 らんばつ
40 ようか
41 てんじょう
42 しめ
43 ひょうし
44 だいり
45 の
46 こ
47 た
48 うる
49 ほ
50 よこなぐ

第21日 (2)

部首、対義語・類義語

時間20分　合格26　得点 1回目 /36　2回目 /36

● 次の漢字の部首をア～エから一つ選び、記号で答えよ。

1 髪（ア長　イ彡　ウ髟　エ又）
2 周（ア冂　イ土　ウ口　エ士）
3 夏（ア一　イ目　ウ夊　エノ）
4 曇（ア日　イ一　ウ雨　エム）
5 聖（ア耳　イ口　ウ十　エ王）
6 紛（ア糸　イ幺　ウ刀　エ八）
7 鬼（ア丶　イ田　ウ儿　エ鬼）
8 術（ア彳　イ行　ウ木　エ八）
9 啓（ア戸　イ尸　ウ攵　エ口）
10 諮（ア言　イ冫　ウ欠　エ口）
11 遇（ア田　イ辶　ウ十　エ冂）
12 奪（ア一　イ大　ウ隹　エ寸）
13 塗（ア干　イ氵　ウ土　エ人）
14 酵（ア土　イ酉　ウノ　エ子）
15 促（ア亻　イ口　ウ止　エ足）
16 昇（ア日　イ廾　ウ十　エ一）
17 底（ア广　イ氏　ウ一　エ亠）
18 刑（ア一　イ二　ウ丨　エ刂）

解答

1	2	3	4	5	6	7	8	9
ウ	ウ	ウ	ア	ア	ア	エ	イ	エ

10	11	12	13	14	15	16	17	18
ア	イ	イ	ウ	イ	ア	ア	ア	エ

● 後の［　］内のひらがなを漢字に直して□に入れ、対義語・類義語を作れ。［　］内のひらがなは一度だけ使い、一字記せ。

対義語

1 帰路 ― □路
2 悪化 ― 好□
3 高雅 ― □俗
4 衰微 ― □隆
5 発生 ― □滅
6 華美 ― □素
7 支配 ― □属
8 精密 ― 粗□
9 膨脹 ― 収□

類義語

10 手腕 ― □量
11 承認 ― 許□
12 幽閉 ― 監□
13 露見 ― 発□
14 吉報 ― □報
15 重体 ― □篤
16 前途 ― 将□
17 平定 ― 鎮□
18 次第 ― □序

あつ・おう・か・かく・き・ぎ・きん・こう・ざつ・しっ
しゅく・じゅう・じゅん・しょう・てい・てん・らい・ろう

解答

1 往　2 転　3 低　4 興　5 消　6 質　7 従　8 雑　9 縮
10 技　11 可　12 禁　13 覚　14 朗　15 危　16 来　17 圧　18 順

第21日 (3) 書き取り

時間 20分 / 合格 35

得点 1回目 /50　2回目 /50

● 次の——線のカタカナを漢字に直せ。

1 台所はエイセイに気をつけよ。
2 日本の小説をエイヤクする。
3 若いうちにオヤコウコウをする。
4 党のカンジチョウは重要な役職。
5 漁に出た船がキコウする時間だ。
6 会社創設者のキョウゾウがある。
7 グンシュウが広場を埋めた。
8 ケイコクを無視すると捕まる。
9 ゲンエキ選手の中で最も高齢だ。
10 新人女優のコウエンが光った。
11 帝国はコウボウを繰り返した。
12 公私をコンドウしてはいけない。
13 吹奏楽団をシキすることになる。
14 我がシソンの繁栄を願っている。
15 大国にはジュウゾクしない。
16 会社のジュンエキが減少した。
17 歌碑のジョマク式があった。
18 驚いてシンゾウが止まりそうだ。
19 五輪のセイカが各地を回る。
20 彼はある思想にセンノウされた。
21 彼は小説のソウサクに没頭した。
22 彼はソンダイな態度をとる人だ。

解答

1 衛生　2 英訳　3 親孝行　4 幹事長　5 帰港　6 胸像　7 群衆(集)　8 警告　9 現役　10 好演　11 興亡
12 混同　13 指揮　14 子孫　15 従属　16 純益　17 除幕　18 心臓　19 聖火　20 洗脳　21 創作　22 尊大

23 山を切り開きタクチ造成を行う。
24 人のチュウコクは聞くものだ。
25 チームは常にテイメイしている。
26 人口に関する様々なトウケイ。
27 ナタネアブラで天ぷらを揚げる。
28 税金のノウキが近づいてきた。
29 彼はノウシンケイ外科医である。
30 東北地方のヒキョウの旅。
31 戦国時代のブショウの物語だ。
32 ボウネンカイで飲み過ぎた。
33 メンボウで耳掃除をした。
34 ヨウショを押さえた案内図だ。
35 そんなことでヨワネを吐くな。
36 チームはリンセン態勢に入った。

37 製品のアズカり証を渡す。
38 彼の移籍は大きなイタデだ。
39 事務所をカりる手続きをした。
40 不用意な言葉でキズつけた。
41 着物スガタの女性は美しい。
42 セビロを着た男性が街を歩く。
43 体力をタモつために訓練する。
44 これでは日本柔道のナオれだ。
45 洋服のネフダを見て驚いた。
46 各家でハタオりの音が聞こえる。
47 僕《ぼく》の目はフシアナではない。
48 攻撃にマサる防御はない。
49 ここに氷を蓄えるムロがあった。
50 ねばったが最後にヤブれた。

---

23 宅地
24 忠告
25 低迷
26 統計
27 菜種油
28 納期
29 脳神経
30 秘境
31 武将
32 忘年会
33 綿棒
34 要所
35 弱音
36 臨戦

37 預
38 痛手
39 借
40 傷
41 姿
42 背広
43 保
44 名折
45 値札
46 機織
47 節穴
48 勝
49 室
50 敗(破)

第22日 (1)

読み

時間15分 合格35

得点 1回目 /50 2回目 /50

● 次の——線の読みをひらがなで記せ。

1 山奥の民家にクマが出没した。
2 胸郭は内臓の外側の骨格である。
3 伝染病で隔離病棟《とう》に入院する。
4 国が公債証書を発行する。
5 不吉な予感がして目が覚める。
6 最初の作業は完了した。
7 戦後進駐軍が日本にとどまった。
8 あなたにこの権利を委譲したい。
9 愚直なほどまじめな方だ。
10 鎮静剤を飲んで心をしずめる。
11 今、騎乗しているのは私の兄だ。
12 海外の同胞を支援する。
13 託児所に子どもを預ける。
14 このごろ、悦楽に浸る毎日だ。
15 天然痘はワクチンで絶滅した。
16 彼は悟道に入ったらしい。
17 ナポレオン皇帝は英雄だ。
18 ハウスで野菜の促成栽培《さいばい》をする。
19 街中に教会の鐘声が響く。
20 少女は魔法使いを描いた。
21 炊飯器のスイッチを入れる。
22 今回は概算払いされる予定だ。

解答

1 しゅつぼつ
2 きょうかく
3 かくり
4 こうさい
5 ふきつ
6 かんりょう
7 しんちゅう
8 いじょう
9 ぐちょく
10 ちんせい
11 きじょう
12 どうほう
13 たくじしょ
14 えつらく
15 てんねんとう
16 ごどう
17 こうてい
18 そくせい
19 しょうせい
20 まほう
21 すいはんき
22 がいさん

23 突然の出来事に挙措を失った。
24 蛮声を張り上げて暴れ回る。
25 浅からぬ因縁を感じている。
26 先賢の説で明らかなことだ。
27 君はこの家に住む既得権がある。
28 錬成会に参加し、体を鍛える。
29 彼は孤高の人と呼ばれた。
30 今日は円卓会議で話し合おう。
31 弱冠十七歳でプロの世界へ入る。
32 汚水を排出する設備をつけた。
33 窓を開けて十分換気しよう。
34 付随して起こる現象に驚いた。
35 彼は長い間地下室に幽閉された。
36 徐徐に水位が上がってきた。

37 工事が遅延してまだ完成しない。
38 職権を濫用して命令する。
39 金庫の錠前を外す。
40 山勘で答えを言い当てる。
41 展示品には触らないように。
42 金縛りにあって動けなくなる。
43 手紙を添えてプレゼントを贈る。
44 九分九厘、大丈夫だろう。
45 体を揺すってリズムを取る。
46 どうか私を弟子にしてください。
47 涼《すず》しくなったので上着が必要だ。
48 運動場で雪合戦を楽しむ。
49 彼の実家は卸問屋を営んでいる。
50 急に雨雲が空を覆い始めた。

23 きょそ
24 ばんせい
25 いんねん
26 せんけん
27 きとく
28 れんせい
29 ここう
30 えんたく
31 じゃっかん
32 はいしゅつ
33 かんき
34 ふずい
35 ゆうへい
36 じょじょ

37 ちえん
38 らんよう
39 じょうまえ
40 やまかん
41 さわ
42 かなしば
43 そ
44 くぶくりん
45 ゆ
46 でし
47 うわぎ
48 がっせん
49 おろしどんや
50 あまぐも

第22日 (2)

同音・同訓異字、四字熟語

時間20分 合格26

得点 1回目 /36 2回目 /36

● 次の——線のカタカナにあてはまる漢字をそれぞれのア～オから一つ選び、記号で答えよ。

1 率先して国をオサめる。
2 大学で専門の学問をオサめる。
3 確定申告をして税金をオサめる。
（ア修 イ治 ウ納 エ統 オ収）

4 老人福祉シ設を訪問する。
5 国会のシ問機関で論議する。
6 文章の要シを簡潔にまとめる。
（ア試 イ施 ウ誌 エ旨 オ諮）

7 古典音楽にトウ酔している。
8 僕はトウ明人間になりたい。
9 冷トウ食品を加工する工場で働く。
（ア統 イ陶 ウ透 エ凍 オ頭）

10 「万葉集」の歌ヒを訪ね歩く。
11 ヒ近な例を示して話す。
12 ヒ労が蓄積して倒れる。
（ア疲 イ非 ウ卑 エ碑 オ被）

13 動ヨウの色は隠せない。
14 祖父は民ヨウを歌うのが趣味だ。
15 人権をヨウ護することが大事だ。
（ア謡 イ揺 ウ養 エ容 オ擁）

16 国境をコえるとそこは雪国だ。
17 とてもよくコえた土地だ。
18 パンをコがしてしまった。
（ア肥 イ超 ウ越 エ焦 オ凝）

解答

1 イ 2 ア 3 ウ
4 イ 5 オ 6 エ
7 イ 8 ウ 9 エ
10 エ 11 ウ 12 ア
13 イ 14 ア 15 オ
16 ウ 17 ア 18 エ

● 文中の四字熟語の――線のカタカナを漢字に直せ。

- 1　一騎トウセンの実力の持ち主。
- 2　エンコウ近攻の政策を進める。
- 3　キョウテン動地の大事件だ。
- 4　ケンボウ術数をめぐらす。
- 5　コウシ混同してはいけない。
- 6　コジ来歴について調べる。
- 7　学級がシブン五裂の状態だ。
- 8　センザイ意識の中に残る。
- 9　千慮イッシツの出来事だ。
- 10　大山メイドウしてねずみ一匹
- 11　ナンコウ不落の課題を抱える。
- 12　日常サハンの出来事に過ぎぬ。
- 13　人気ゼッチョウの歌手が来る。
- 14　朗報に破顔イッショウした。
- 15　百家ソウメイの状況が続く。
- 16　メイジツ一体の第一人者だ。
- 17　流言ヒゴが飛び交っている。
- 18　明朗カイカツな女性を好む。

解答

1　一騎当千《いっきとうせん》　一人で千人と戦えるほど強いこと。
2　遠交近攻《えんこうきんこう》　遠国と親交し近国を攻略する外交。
3　驚天動地《きょうてんどうち》　世間をひどく驚かせること。
4　権謀術数《けんぼうじゅっすう》　人を巧みに欺くためのはかりごと。
5　公私混同《こうしこんどう》　公務と私事を区別せずにいること。
6　故事来歴《こじらいれき》　伝来した事物の由来と経過の次第。
7　四分五裂《しぶんごれつ》　秩序なく裂け分かれること。
8　潜在意識《せんざいいしき》　自覚されないまま潜んでいる意識。
9　千慮一失《せんりょいっしつ》　思わぬ失敗。
10　大山鳴動《たいざんめいどう》　騒ぎのわりには結果が小さいこと。
11　難攻不落《なんこうふらく》　なかなか思い通りにならないこと。
12　日常茶飯《にちじょうさはん》　ありふれた平凡な物事のたとえ。
13　人気絶頂《にんきぜっちょう》　評判が良く上りつめていること。
14　破顔一笑《はがんいっしょう》　顔をほころばせにっこり笑うこと。
15　百家争鳴《ひゃっかそうめい》　多くの学者が自由に論争すること。
16　名実一体《めいじついったい》　評判と実際が合っていること。
17　流言飛語《りゅうげんひご》　無責任なうわさ。
18　明朗快活《めいろうかいかつ》　明るく朗らかで元気があること。

第22日 (3)

書き取り

時間20分 合格35

得点 1回目 /50 2回目 /50

● 次の——線のカタカナを漢字に直せ。

1 田舎でアンソクの日々を送る。
2 もう知らぬとインドウを渡した。
3 オンダンカ対策に頭を悩ます。
4 駅前のガイロジュが色づく。
5 富士山のカザンバイがたい積した。
6 少しカンリャク化したほうがよい。
7 組織のキコウ改革が進まない。
8 姉はキョウダイの前で髪を直す。
9 常に私がケイアイする恩師です。
10 祖父はゲンカクな態度を貫いた。
11 コウテツの意志をもって向かう。
12 町の画廊でコテンを開きます。
13 彼は歌謡曲のサクシをしている。
14 息子の学費をサンダンする。
15 彼はジセキの念にかられた。
16 この寺にはシャキョウ部屋がある。
17 北アルプスをジュウソウする。
18 よりイッソウの努力が必要だ。
19 ショウヒゼイを引き上げる。
20 契約書に両者がショメイした。
21 三輪山はシンセイな山である。
22 セイキョクが安定してきた。

解答

1 安息
2 引導
3 温暖化
4 街路樹
5 火山灰
6 簡略
7 機構
8 鏡台
9 敬愛
10 厳格
11 鋼鉄
12 個展
13 作詞
14 算段
15 自責
16 写経
17 縦走
18 一層
19 消費税
20 署名
21 神聖
22 政局

23 激しいゼッセンを繰り広げた。
24 私がソウゾウした通りの結果だ。
25 国外へのタイキョ命令が出た。
26 手織りのタンモノは高級品だ。
27 売上金をチャクフクしたようだ。
28 漢詩にはツイクが使われている。
29 健康のためにトウブンを控えよ。
30 そのやり方はノウリツが悪いよ。
31 クラスで掃除のハンワけをした。
32 ビョウシンまで正確に合わせる。
33 足をフショウして歩けない。
34 仕事のヘイジュン化を図る。
35 国のホウシンに従って行う。
36 子どもはボニュウで育った。

37 これはムヨクの勝利だと思う。
38 ヤチン収入で生計を立てている。
39 犯人はユクエをくらましている。
40 カブトムシのヨウチュウである。
41 人間のヨッキュウは止まらない。
42 手本の通りにリンショしなさい。
43 チームのアシナみが乱れた。
44 靴《くつ》がイタんだので新しくした。
45 午前中に注文の品をオサめます。
46 別荘《そう》周辺のコダチの中を歩く。
47 生地をタって洋服を作る。
48 孫に美しいハゴイタをあげる。
49 最近モノワスれが激しくなった。
50 狩りの道具としてユミヤを使う。

---

23 舌戦
24 想像
25 退去
26 反物
27 着服
28 対句
29 糖分
30 能率
31 班分
32 秒針
33 負傷
34 平準
35 方針
36 母乳

37 無欲
38 家賃
39 行方
40 幼虫
41 欲求
42 臨書
43 足並
44 傷
45 収(納)
46 木立
47 裁
48 羽子板
49 物忘
50 弓矢

第23日 (1)

読み

時間 15分
合格 35

得点
1回目 /50
2回目 /50

● 次の――線の読みをひらがなで記せ。

1 真紅の優勝旗を目指して戦う。
2 近侍の人として主君に仕える。
3 池畔のホテルに三日間滞在する。
4 戦没者の墓で英霊に手を合わす。
5 正邪をわきまえて判断しよう。
6 紺地のスーツを着て出かける。
7 その考えはいかにも了見が狭い。
8 佳人薄命とはよく言ったものだ。
9 人事異動で部長に昇格する。
10 雪山で遭難し、凍傷を負う。
11 炎夏の昼下がり、町に出る。
12 塗料で屋根をきれいにする。
13 換言すれば、許すということだ。
14 父から財産を譲与される。
15 彼はその時、蛮勇をふるった。
16 鯨飲馬食は体を壊すもとだ。
17 日本は弧状に連なる列島である。
18 この願いを応諾してください。
19 顧客が増え店は盛況だ。
20 叫喚地獄の話におののく。
21 金を粗末にしてはいけない。
22 香辛料を使った料理を食べる。

解答

1 しんく
2 きんじ
3 ちはん
4 えいれい
5 せいじゃ
6 こんじ
7 りょうけん
8 かじん
9 しょうかく
10 とうしょう
11 えんか
12 とりょう
13 かんげん
14 じょうよ
15 ばんゆう
16 げいいん
17 こじょう
18 おうだく
19 こきゃく
20 きょうかん
21 そまつ
22 こうしんりょう

23 一斗は一升《しょう》の十倍の量である。
24 炊事洗濯《たく》は私の仕事だ。
25 空襲を受け市内は焦土と化した。
26 貨幣《へい》を改鋳し、新しくする。
27 担架で急病人を運ぶ。
28 彼は不遇な生涯《がい》を送った。
29 彼と私は相性が良い。
30 二人の関係に終止符を打つ。
31 彼の犠打が決勝点となった。
32 今の内容は既決事項だ。
33 鎮痛剤を飲んで眠った。
34 細胞分裂によって増えていく。
35 逆賊の汚名を着せられる。
36 この海峡は海上交通の要衝だ。
37 ご陪食を賜《たまわ》る光栄を感謝します。
38 双眼鏡で野鳥を観察する。
39 彼女はあなたに恋慕している。
40 迫り来る悪党と勇敢に戦う。
41 白壁の土蔵が印象的な家屋だ。
42 荒削りな文章を先生が添削する。
43 キャンプでは寝袋で眠る予定だ。
44 声高に話す男の人は彼の兄だ。
45 仕事を終えて笑みを浮かべる。
46 彼はこの家の婿養子である。
47 彼の実家は金物を扱っている。
48 大豆は豆腐の原料である。
49 眼前に広がる景色がすばらしい。
50 風上から香ばしいにおいがする。

---

23 いっと
24 すいじ
25 しょうど
26 かいちゅう
27 たんか
28 ふぐう
29 あいしょう
30 しゅうしふ
31 ぎだ
32 きけつ
33 ちんつう
34 ぶんれつ
35 ぎゃくぞく
36 ようしょう
37 ばいしょく
38 そうがんきょう
39 れんぼ
40 ゆうかん
41 しらかべ
42 あらけずり
43 ねぶくろ
44 こわだか
45 え
46 むこようし
47 かなもの
48 だいず
49 けしき
50 かざかみ

第23日(2) 漢字識別、誤字訂正

時間 20分
合格 23

得点
1回目 /32
2回目 /32

●次の1～5の三つの□に共通する漢字を入れて熟語を作れ。漢字は下のア～コから一つ選び、記号で答えよ。

(1)

1 □員・官□・能□
2 □在・□車・□留
3 □走・□奏・同□
4 □路・多□・分□
5 □固・□視・□縮

ア 独　イ 岐　ウ 吏　エ 不　オ 凝　カ 行　キ 道　ク 駐　ケ 伴　コ 堅

(2)

1 □胆・闘□・霊□
2 □権・国□・負□
3 □原・□布・除□
4 □才・欠□・突□
5 屈□・雪□・恥□

ア 鬼　イ 湿　ウ 魂　エ 平　オ 肝　カ 実　キ 辱　ク 如　ケ 指　コ 債

(3)

1 海□・山□・盗□
2 □否・受□・承□
3 □造・□型・□物
4 □器・□工・□酔
5 □舎・養□・子□

ア 可　イ 陶　ウ 鋳　エ 産　オ 官　カ 諾　キ 豚　ク 創　ケ 賊　コ 食

(4)

1 河□・湖□・池□
2 □学・□主・脱□
3 □行・□勇・野□
4 □香・□志・□名
5 □端・香□・暖□

ア 畔　イ 良　ウ 芳　エ 趣　オ 城　カ 蛮　キ 辺　ク 炉　ケ 道　コ 藩

解答

(1) 1 ウ　2 ク　3 ケ　4 イ　5 オ
(2) 1 ウ　2 コ　3 イ　4 ク　5 キ
(3) 1 ケ　2 カ　3 ウ　4 イ　5 キ
(4) 1 ア　2 コ　3 カ　4 ウ　5 ク

● 次の各文にまちがって使われている同じ読みの漢字が一字ある。上に誤字を、下に正しい漢字を記せ。

1 日本列島を縦断した台風が日本海に抜け、暴風雨警法が解除された。

2 交通事故に巻き込まれ重傷を負った叔母の危険な状滞は続いている。

3 消費者の意識を把握するための面密な調査が全国規模で行われた。

4 極度の食糧不足による子どもの餓死は、貧困による悲激である。

5 豊富な地下資元を活用した国の振興計画の是非が波紋を投じている。

6 快盗ルパンが大暴れする話を寝ないで一晩中読んだものだ。

7 有志生徒主催の球技大会への賛加要請があり、快く引き受けた。

8 彼女は専門学校で、看護師の試格を取得するための講義を受けている。

9 息子は車の製備工場で働きながら、福祉施設で慈善活動をしている。

10 大学で得た知織を生かし、教員として児童の健全育成に携わりたい。

11 似顔絵は人の特徴を誇調して描くことにより、個性的な作品になる。

12 発展途上国への援助物資を満載した大型船が定泊している。

解答

1 法・報
2 滞・態
3 面・綿
4 激・劇
5 元・源
6 快・怪
7 賛・参
8 試・資
9 製・整
10 織・識
11 調・張
12 定・停

第23日 (3)

書き取り

時間20分 合格35

得点 1回目 /50 2回目 /50

● 次の——線のカタカナを漢字に直せ。

1 イコク情緒《ちょ》のある町並みだ。
2 チョウのウカの写真を撮った。
3 カイセイの空の下での運動会。
4 父は訪問中のパリでカクシした。
5 紙面の都合でカツアイする。
6 自由と平和をキキュウしてきた。
7 姉はキュウドウブに所属した。
8 知事のキョシュウが注目される。
9 ケイレツ会社が経営する施設だ。
10 彼にはゲンジュウに注意した。
11 和菓子は様々なコクフンを使う。
12 彼はコワイロを変えてしゃべる。
13 身体検査でザコウを測った。
14 大勢のサンパイ客が訪れた。
15 場違いな発言にシッショウした。
16 人間はシンヨウが一番大事だ。
17 辺りは静かなジュウタク街だ。
18 ショウグン家のお墓のある寺だ。
19 市のショウボウショに勤務する。
20 彼はシンコッチョウを発揮した。
21 休日はシンリンヨクを楽しむ。
22 畳の上でセイザすることがない。

解答

1 異国
2 羽化
3 快晴
4 客死
5 割愛
6 希求
7 弓道部
8 去就
9 系列
10 厳重
11 穀粉
12 声色
13 座高
14 参拝
15 失笑
16 信用
17 住宅
18 将軍
19 消防署
20 真骨頂
21 森林浴
22 正座

23 工場に新型の機械をセッチした。
24 新しい文化をソウゾウする。
25 彼はチームのダイコクバシラだ。
26 彼とは十年来、チキの間柄だ。
27 チュウジツに任務をこなす。
28 意外な方向にテンカイした。
29 この海はトオアサで泳ぎやすい。
30 春にまいた種がハツガした。
31 ようやくヒトジチが解放された。
32 幼いころヒンコンな家庭で育つ。
33 名簿ではブッコシャとしてある。
34 新刊本のヘンチョ者となる。
35 中学生向けのボウハン教室。
36 子どもはムチュウになって遊ぶ。

37 日本はアジアのメイシュとなれるか。
38 ヤボ用があって出席できません。
39 石油のユニュウ価格が上がる。
40 人はヨクボウを抑えられない。
41 フグのランソウには猛毒がある。
42 決定はロンギを尽くした結果だ。
43 今日はアツい雲に覆われている。
44 この件はウケタマワりました。
45 カンキワまって涙が出た。
46 人手が足りなくてコマっている。
47 新入部員はタマヒロいに始まる。
48 時間がないので説明をハブく。
49 ズボンのすそのヤブれが気になる。
50 夜店でワナげをして遊んだ。

23 設置
24 創造
25 大黒柱
26 知己
27 忠実
28 展開
29 遠浅
30 発芽
31 人質
32 貧困
33 物故者
34 編著
35 防犯
36 夢中

37 盟主
38 野暮
39 輸入
40 欲望
41 卵巣
42 論議
43 厚
44 承
45 感極
46 困
47 球拾
48 省
49 破
50 輪投

第24日(1)

読み

時間15分　合格35

得点　1回目　/50　2回目　/50

● 次の――線の読みをひらがなで記せ。

1 今日の営業は終了した。
2 君と僕《ぼく》とは肝胆相照らす仲だ。
3 国債を発行し、財政を建て直す。
4 スキーで直滑降の練習をする。
5 拘置所で二日間留置される。
6 書架には推理小説が並んでいる。
7 隔月に発刊される雑誌を読む。
8 勤怠表を点検して状況をつかむ。
9 彼は何度も辛酸をなめた。
10 我が国の情勢を概観する。
11 新機軸を打ち出そうと考える。
12 苦悩を超克し、晴れ晴れとする。
13 明日まで待機するよう依頼する。
14 駅から葬祭場までの道を尋ねる。
15 卑見を申し述べさせてください。
16 球審はアウトを宣告した。
17 豚舎の清掃は私の仕事だ。
18 栄華を極めた藤原《ふじわら》氏が滅亡する。
19 先日注文した本の請求書が届く。
20 父は鍛造の仕事をしている。
21 祖父はなかなかの粋人であった。
22 妻は胎教を考え、名曲を聴いた。

解答

1 しゅうりょう
2 かんたん
3 こくさい
4 かっこう
5 こうち
6 しょか
7 かくげつ
8 きんたい
9 しんさん
10 がいかん
11 しんきじく
12 ちょうこく
13 いらい
14 そうさい
15 ひけん
16 きゅうしん
17 とんしゃ
18 えいが
19 せいきゅう
20 たんぞう
21 すいじん
22 たいきょう

23 父の病気はどうも悪疾のようだ。
24 召喚に応じて被告人が出頭する。
25 敵の企図を見破り、先手を打つ。
26 一筆啓上お変わりありませんか。
27 滅私奉公を終え、故郷に戻《もど》る。
28 宴会で祝いの歌を披《ひ》露する。
29 核《かく》戦争を抑止する運動を起こす。
30 悟性とは思考の能力である。
31 冗長な文章を慎重に修正する。
32 従業員募集の看板を見つける。
33 彼女は昔から霊感が強い。
34 自虐行為で体に傷をつける。
35 彼はいっそう憂色を深めていた。
36 盗賊が昨夜襲来したようだ。

37 思わぬ伏兵に優勝をさらわれた。
38 アメリカ合衆国は連邦国家だ。
39 擦り切れるまで靴《くつ》を履《は》く。
40 博士号を取ろうと研究を続けた。
41 梅雨空にはアジサイが似合う。
42 波止場には多くのカモメが飛ぶ。
43 合格を祝福して紙吹雪が舞った。
44 ひげを蓄えた男の人が先生だ。
45 道路工事を請け負っている。
46 二本の磁石を使って実験する。
47 落ち穂拾いの光景が眺《なが》められる。
48 黄金虫は植物の葉を食べる。
49 兄弟仲良く暮らしてほしい。
50 敵役で出演する俳優が好きだ。

---

23 あくしつ
24 しょうかん
25 きと
26 けいじょう
27 めっし
28 えんかい
29 よくし
30 ごせい
31 じょうちょう
32 ぼしゅう
33 れいかん
34 じぎゃく
35 ゆうしょく
36 とうぞく

37 ふくへい
38 れんぽう
39 す
40 はかせ (はくし)
41 つゆ
42 はとば
43 かみふぶき
44 たくわ
45 う
46 じしゃく
47 ぼ
48 こがね
49 きょうだい
50 かたきやく

第24日 (2)

部首、対義語・類義語

時間 20分
合格 26
得点
1回目 /36
2回目 /36

● 次の漢字の部首をア～エから一つ選び、記号で答えよ。

1 冠（ア 冖　イ 丶　ウ 儿　エ 寸）
2 貫（ア 毋　イ 目　ウ 貝　エ 八）
3 礎（ア 石　イ 木　ウ 疋　エ 止）
4 斥（ア ノ　イ 丶　ウ 斤　エ 一）
5 厳（ア ⺍　イ 厂　ウ 耳　エ 攵）
6 鯨（ア 亠　イ 魚　ウ 口　エ 小）
7 騎（ア 馬　イ 灬　ウ 大　エ 口）
8 辛（ア 亠　イ 立　ウ 辛　エ 十）
9 競（ア 亠　イ 立　ウ 口　エ 儿）
10 鶏（ア ノ　イ 爫　ウ 灬　エ 鳥）
11 閲（ア 門　イ 口　ウ 儿　エ 一）
12 東（ア 一　イ 木　ウ 日　エ 人）
13 吏（ア 一　イ 口　ウ ノ　エ 人）
14 勝（ア 月　イ 大　ウ 力　エ ⺍）
15 執（ア 干　イ 土　ウ 辛　エ 丶）
16 暴（ア 日　イ 大　ウ 八　エ 水）
17 卵（ア 丶　イ ノ　ウ 卩　エ 儿）
18 豚（ア 月　イ 豕　ウ 一　エ 水）

解答

1 ア　2 ウ　3 ア　4 ウ　5 ア　6 イ　7 ア　8 ウ　9 イ
10 エ　11 ア　12 イ　13 イ　14 ウ　15 イ　16 ア　17 ウ　18 イ

● 後の□内のひらがなを漢字に直して□に入れ、対義語・類義語を作れ。□内のひらがなは一度だけ使い、一字記せ。

対義語

1 栄達 ― 零□
2 地獄 ― □楽
3 沈下 ― 隆□
4 模倣 ― □創
5 賢明 ― □愚
6 終了 ― □始
7 侵害 ― 擁□
8 逮捕 ― 釈□
9 冗長 ― □潔

類義語

10 詠嘆 ― 感□
11 決意 ― □悟
12 審議 ― □討
13 容赦 ― 勘□
14 計算 ― 勘□
15 熱中 ― 没□
16 便利 ― □宝
17 隷属 ― □従
18 幼稚 ― 未□

あん・かい・かく・かん・き・けん・ご・ごく・じゅく
じょう・ちょう・とう・どう・どく・ふく・べん・ほう・らく

解答

1 落　2 極　3 起　4 独　5 暗　6 開　7 護　8 放　9 簡
10 動　11 覚　12 検　13 弁　14 定　15 頭　16 重　17 服　18 熟

第24日 (3)

書き取り

時間20分　合格35

得点　1回目 /50　2回目 /50

● 次の——線のカタカナを漢字に直せ。

1 提案はイッショウに付された。
2 赤ん坊をウバグルマに乗せた。
3 既存の通信カイセンを使う。
4 カイカクハの意見をまとめる。
5 母からの手紙にカンキュウした。
6 町のキキンゾク店で指輪を買う。
7 体重測定の後はキョウイを測る。
8 平方根のキンジチを覚える。
9 ゲキダンで活躍した俳優だ。
10 引退後はコウシンを指導する。
11 原稿にゴジがないか確かめる。
12 態勢を立て直してサイキョする。
13 ナイフはサッショウ能力がある。
14 日本はシゲンの乏しい国だ。
15 自分一人だけシフクを肥やすな。
16 シュウキョウ団体が経営者だ。
17 ラジオのシュウハスウを合わせる。
18 ジョウケンが合えば契約をする。
19 これは彼の想像力のショサンだ。
20 この件についてシンシャする。
21 ご苦労のこととスイサツします。
22 セイヒンな生活が私の目標だ。

解答

1 一笑　2 乳母車　3 回線　4 改革派　5 感泣　6 貴金属　7 胸囲　8 近似値　9 劇団　10 後進　11 誤字

12 再挙　13 殺傷　14 資源　15 私腹　16 宗教　17 周波数　18 条件　19 所産　20 深謝　21 推察　22 清貧

23 わが社センゾクの弁護士がいる。
24 自らソッセンして仕事をする。
25 息子はタイソウ選手である。
26 チクジョウ四百年の記念行事。
27 山のチョウジョウに登って遊ぶ。
28 父は若いころテンキン族だった。
29 行く春のナゴリを惜しんだ。
30 新しい雑誌をハッカンする。
31 ビボウロクを持ち歩いている。
32 今聞いたことをフクショウする。
33 我が家にもフブンリツがある。
34 ボウエキの不均衡《こう》が問題である。
35 最後にホケツ選手が出場した。
36 捕らぬ狸《たぬき》のカワザンヨウ。

37 近視が進んでメガネが合わない。
38 ユウシが集まってお祝いをした。
39 子どものヨウイクヒを送る。
40 父のヨコガオは寂しそうだった。
41 ランボウな言葉は決して使うな。
42 ワコウドの祭典が催された。
43 彼の将来をアヤぶむ声がある。
44 ウラバナシを聞かせてください。
45 他校にクラべて生徒数が多い。
46 自転車でサカミチを駆け降りた。
47 勉強ヅクエの上を片づけなさい。
48 風邪の流行をフセぐための対策。
49 ユウグれ時の海辺には哀愁《しゅう》がある。
50 一度腹をワって話をしよう。

23 専属
24 率先
25 体操
26 築城
27 頂上
28 転勤
29 名残
30 発刊
31 備忘録
32 復唱
33 不文律
34 貿易
35 補欠
36 皮算用

37 眼鏡
38 有志
39 養育費
40 横顔
41 乱暴
42 若人
43 危
44 裏話
45 比
46 坂道
47 机
48 防
49 夕暮
50 割

第25日 (1)

読み

時間 15分 合格 35

得点 1回目 /50 2回目 /50

● 次の——線の読みをひらがなで記せ。

1 **卵黄**を使ってお菓子を作る。
2 本日の会議は市の**主催**である。
3 祖父は**騎兵**隊に所属していた。
4 彼らは**結託**して悪事を働いた。
5 試合は接戦の末**辛勝**した。
6 新しい**液晶**テレビに買い換える。
7 **焦心**と不安を抱えながら待った。
8 聖徳太子が**冠位**十二階を制定。
9 **舞姫**の姿に心を奪われる。
10 **甲虫**の幼虫を飼育する。
11 **暗愚**な君主に仕えたくはない。
12 不景気が犯罪を**誘発**する。
13 **帝王**学を学んで社長に就いた。
14 **円弧**を描くようにラインを引く。
15 死者をしのび**鎮魂**の歌が流れる。
16 この報道にはびっくり**仰天**だ。
17 **葬列**はしめやかに続いていた。
18 二者**択一**の問題に挑《ちょう》戦する。
19 **角膜**に炎症《しょう》を起こす。
20 アラスカの**凍土**を犬ぞりで行く。
21 校舎の新築工事が**遅延**している。
22 火災を知らせる**半鐘**が響く。

解答

1 らんおう
2 しゅさい
3 きへい
4 けったく
5 しんしょう
6 えきしょう
7 しょうしん
8 かんい
9 まいひめ
10 こうちゅう
11 あんぐ
12 ゆうはつ
13 ていおう
14 えんこ
15 ちんこん
16 ぎょうてん
17 そうれつ
18 たくいつ
19 かくまく
20 とうど
21 ちえん
22 はんしょう

☐ 23 忌日には憎りょが訪れる。
☐ 24 彼は如才なく対応する。
☐ 25 子どもが水痘を発症《しょう》する。
☐ 26 及第点が取れるよう勉強する。
☐ 27 今日、摂氏四十度を記録した。
☐ 28 戦没者の慰霊祭に出席する。
☐ 29 免税店で化粧《しょう》品を買う。
☐ 30 愚見ながら一言言わせてください。
☐ 31 事実と符合する結果が出た。
☐ 32 孤軍奮闘で急場を乗り切った。
☐ 33 霊前に花を手向ける。
☐ 34 父の昇任を家族で祝う。
☐ 35 新規施策の大綱を示す。
☐ 36 友人の貧乏話を聞かされる。

☐ 37 役所で戸籍抄《しょう》本を依頼する。
☐ 38 離島で皆既日食を観察する。
☐ 39 父親から勘当を申し渡される。
☐ 40 彼女は侍女の経験がある。
☐ 41 この薬が効くかどうか試そう。
☐ 42 一房のブドウをおやつに食べる。
☐ 43 下請け業者に工事を依頼する。
☐ 44 道が狭まり、上り坂となる。
☐ 45 子どもが河原の小石を拾う。
☐ 46 この器に果物を盛りつけよう。
☐ 47 新しい橋を架けて町をつなぐ。
☐ 48 小銭を持ち合わせていない。
☐ 49 湾岸道路を走って神戸市に行く。
☐ 50 姉は歌を歌うのが上手だ。

---

23 きじつ
24 じょさい
25 すいとう
26 きゅうだい
27 せっし
28 いれい
29 めんぜい
30 ぐけん
31 ふごう
32 こぐん
33 れいぜん
34 しょうにん
35 たいこう
36 びんぼう

37 こせき
38 かいき
39 かんどう
40 じじょ
41 ため
42 ひとふさ
43 したう
44 せば
45 かわら
46 うつわ
47 か
48 こぜに
49 わんがん
50 じょうず

第25日 (2) 熟語の構成、漢字と送りがな

時間 20分
合格 28

得点
1回目 /40
2回目 /40

● 熟語の構成のしかたには次のようなものがある。

ア 同じような意味の漢字を重ねたもの (岩石)
イ 反対または対応の意味を表す字を重ねたもの (高低)
ウ 上の字が下の字を修飾しているもの (洋画)
エ 下の字が上の字の目的語・補語になっているもの (着席)
オ 上の字が下の字の意味を打ち消しているもの (非常)

次の熟語は右のア〜オのどれにあたるか、一つ選び、記号で答えよ。

1 犠牲
2 慰霊
3 晩鐘
4 彼我
5 炊飯
6 粗食
7 邪悪
8 不滅
9 脱藩
10 否決
11 悲哀
12 屈伸
13 排他
14 虚勢
15 出没

解答

1 ア
2 エ
3 ウ
4 イ
5 エ
6 ウ
7 ア
8 オ
9 エ
10 オ
11 ア
12 イ
13 エ
14 ウ
15 イ

● 次の——線のカタカナを漢字一字と送りがな（ひらがな）に直せ。

〈例〉問題にコタエル。 答える

1 結婚して新居をカマエル。
2 師とウヤマウ人が亡くなった。
3 広大でタイラナ野原が続く。
4 彼は一代で財をキズイた。
5 わが町がサカエルことを望む。
6 災害時にソナエル訓練をした。
7 温泉で療養にツトメル。
8 彼の代理人をツトメル。
9 アブナイ運転はするな。
10 両者のアラソイに巻き込まれた。
11 新年を迎え気分をアラタニした。
12 二人は実力をキソッている。
13 キヨラカナ谷川の流れを見る。
14 サイワイ時間に間に合った。
15 彼は運動神経がスグレている。
16 真実かどうかをタシカメル。
17 年に一度は隣国をタズネル。
18 若者がツドウ行事が行われた。
19 念仏をトナエル声が響いてくる。
20 ムズカシイ課題が残されている。
21 町に新しい支店をモウケル。
22 会社はキビシイ状況に置かれた。
23 笑顔にマサルものはない。
24 この村をオトズレル人はいない。
25 群れからハズレル猿がいる。

解答

1 構える
2 敬う
3 平らな
4 築い
5 栄える
6 備える
7 努める
8 務める
9 危ない
10 争い
11 新たに
12 競っ
13 清らかな
14 幸い
15 優れ
16 確かめる
17 訪ねる
18 集う
19 唱える
20 難しい
21 設ける
22 厳しい
23 勝る
24 訪れる
25 外れる

第25日(3) 書き取り

時間20分　合格35

得点　1回目　／50　2回目　／50

● 次の——線のカタカナを漢字に直せ。

1 シュッショ進退を明らかにする。
2 エイサイ教育で選手を育成する。
3 ドアのカイヘイには注意しろ。
4 カクセイキを使って呼びかけた。
5 借金は今月カンサイする予定だ。
6 キゲキ役者として舞台に立つ。
7 父は怒りのギョウソウに変わった。
8 キンゾク三十年の記念品である。
9 ふろに入りケッコウをよくする。
10 コウチャを入れて一服しよう。
11 遺産でコツニクの争いが起こる。
12 この議案についてサイケツする。
13 父がザユウの銘《めい》としている言葉。
14 先生に長い間シジしてきた。
15 彼女はジミな洋服を好んで着る。
16 事故でジュウショウを負った。
17 彼の力はシュウモクを集める。
18 失恋しショウシンの日々を送る。
19 家の周りにジョソウ剤をまいた。
20 医はジンジュツなりと言われる。
21 彼のスケダチがなければ無理だ。
22 自分を伸ばすゼッコウの機会だ。

解答

1	出処	12	採決
2	英才	13	座右
3	開閉	14	師事
4	拡声器	15	地味
5	完済	16	重傷
6	喜劇	17	衆目
7	形相	18	傷心
8	勤続	19	除草
9	血行	20	仁術
10	紅茶	21	助太刀
11	骨肉	22	絶好

23 この図書館はゾウショが多い。
24 論語のソドクをさせられた。
25 タンニンの先生からほめられた。
26 古代のチソウから化石が出た。
27 大家とチンタイ契約を交わした。
28 出席確認のためテンコします。
29 母は寝る前にニュウエキを使う。
30 民意を政治にハンエイさせる。
31 彼の力量はヒョウカが分かれる。
32 彼はフクシンの部下となる人だ。
33 講演会とヘイコウして会を持つ。
34 遺跡のホウコと言われる所だ。
35 製品の品質は絶対ホショウする。
36 彼はムノウな人間ではない。

37 情熱をモやして打ち込んできた。
38 ユウビンポストが家の前にある。
39 身辺警護のためのヨウジンボウ。
40 これ以上考えるヨチはない。
41 リョソウを解いてゆっくり休む。
42 山頂から見るアサヤけは格別だ。
43 そんな言いワケばかりするな。
44 国をオサめることがまず肝要だ。
45 寒さのためコキザみに震えた。
46 彼の言葉でスクわれた。
47 遠くツラなる山脈を眺《なが》めていた。
48 向こうからムナモトをつかんだ。
49 ユタかな大地が恵みをもたらす。
50 人々はワレサキに逃げていった。

23 蔵書
24 素読
25 担任
26 地層
27 賃貸
28 点呼
29 乳液
30 反映
31 評価
32 腹心
33 並行
34 宝庫
35 保証
36 無能

37 燃
38 郵便
39 用心棒
40 余地
41 旅装
42 朝焼
43 訳
44 治
45 小刻
46 救
47 連
48 胸元
49 豊
50 我先

実戦模擬テスト〔第1回〕

解答には、常用漢字の旧字体や表外漢字および常用漢字音訓表以外の読みを使ってはいけない。

時間 60分
合格点 140点
得点 /200

(一) 次の——線の読みをひらがなで記せ。 (30) 1×30

1 米国の陪審員制度を学んだ。
2 父は単身で北海道に赴任した。
3 彼は昔から穏健な人柄だ。
4 彼は温厚篤実な好青年である。
5 外国文化を多く摂取してきた。
6 彼は官吏として良い仕事をする。
7 難しい折衝だが努力するよ。
8 君からの吉報を待っている。
9 仲間から阻害され続けてきた。
10 彼は温かみのある慈悲深い人だ。
11 有名人の私生活が暴露された。
12 彼は怠慢な職務態度で知られる。
13 米を発酵させて日本酒を造る。
14 この会社の嘱託職員として働く。
15 森林の伐採が問題となっている。
16 ここは廉価な商品を扱う店だ。
17 原稿を校閲する仕事をしている。
18 この店の勘定は私が払います。
19 玄関前に忌中の紙が貼《は》ってある。

解答

(一)
1 ばいしん
2 ふにん
3 おんけん
4 とくじつ
5 せっしゅ
6 かんり
7 せっしょう
8 きっぽう
9 そがい
10 じひ
11 ばくろ
12 たいまん
13 はっこう
14 しょくたく
15 ばっさい
16 れんか
17 こうえつ
18 かんじょう
19 きちゅう

20 試行錯誤の結果ついに成功した。
21 社長に随行して海外に出張する。
22 会員の特典を利用する。
23 人に排他的な態度で接するな。
24 目的を遂げるまであきらめない。
25 台風で大きな損害を被った。
26 川に橋を架ける工事が始まった。
27 心の赴くままに行動するな。
28 彼にまんまと欺かれた。
29 気を紛らすために本を読む。
30 食事の支度ができたよ。

(二) 次の——線のカタカナにあてはまる漢字をそれぞれのア〜オから一つ選び、記号で答えよ。 (30) 2×15

1 梅の収カクが行われている。
2 自由をカク得する戦いだった。
3 敵を防ぐ天然の城カクだ。
(ア 獲 イ 郭 ウ 覚 エ 格 オ 穫)

4 失敗してショウ燥感を抱いた。
5 彼は会社で一番ショウ進が速い。
6 国道で信号に車がショウ突した。
(ア 賞 イ 焦 ウ 衝 エ 昇 オ 傷)

7 チョウ衆の前で演説をする。
8 助走をつけてチョウ躍する。
9 忙しくチョウ過勤務の日が多い。
(ア 超 イ 張 ウ 徴 エ 聴 オ 跳)

10 感想文コンクールに応ボした。
11 大規ボなダム工事が行われた。
12 家族が集まり亡き父を追ボした。
(ア 暮 イ 募 ウ 模 エ 墓 オ 慕)

13 なんともキ代な現象だ。
14 この薬はキき目が速いよ。
15 彼は大変キまじめな人だ。
(ア 希 イ 効 ウ 利 エ 貴 オ 生)

20 さくご
21 ずいこう
22 とくてん
23 はいた
24 と
25 こうむ
26 か
27 おもむ
28 あざむ
29 まぎ
30 したく

(二)
1 オ
2 ア
3 イ
4 イ
5 エ
6 ウ
7 エ
8 オ
9 ア
10 イ
11 ウ
12 オ
13 ア
14 イ
15 オ

(三) 1〜5の三つの□に**共通する漢字**を入れて熟語を作れ。漢字はア〜コから**一つ**選び、**記号**で答えよ。 (10) 2×5

1 □年・□離・間□
2 □劣・暗□・□問
3 追□・□所・□筆
4 □除・□斥・□他
5 □致・勧□・□導

ア 排	イ 優	ウ 敗	エ 愚	
オ 格	カ 雄	キ 随	ク 誘	
ケ 跡	コ 隔			

(四) **熟語の構成**のしかたには次のようなものがある。 (20) 2×10

ア 同じような意味の漢字を重ねたもの (岩石)
イ 反対または対応の意味を表す字を重ねたもの (高低)
ウ 上の字が下の字を修飾しているもの (洋画)
エ 下の字が上の字の目的語・補語になっているもの (着席)
オ 上の字が下の字の意味を打ち消しているもの (非常)

次の熟語は右の**ア〜オ**のどれにあたるか、**一つ**選び、**記号**で答えよ。

1 濫造
2 安穏
3 傍聴
4 精粗
5 錯誤
6 賞罰
7 聴講
8 否決
9 屈伸
10 鎮火

解答

(三)
1 コ
2 エ
3 キ
4 ア
5 ク

(四)
1 ウ
2 ア
3 ウ
4 イ
5 ア
6 イ
7 エ
8 オ
9 イ
10 エ

(五) 次の漢字の**部首**をア〜エから**一つ**選び、**記号**で答えよ。 (10) 1×10

1 喫（ア 口　イ 刀　ウ 一　エ 大）
2 募（ア 艹　イ 日　ウ 一　エ 力）
3 尊（ア 一　イ 西　ウ 寸　エ 丶）
4 奏（ア 一　イ 二　ウ 人　エ 大）
5 房（ア 一　イ 戸　ウ 尸　エ 方）
6 善（ア 一　イ 羊　ウ 十　エ 口）
7 勘（ア 甘　イ 西　ウ 凵　エ 力）
8 戯（ア 虍　イ 戈　ウ 丶　エ ノ）
9 啓（ア 戸　イ 尸　ウ 攵　エ 口）
10 厳（ア ⺍　イ 厂　ウ 耳　エ 攵）

(六) 後の□内のひらがなを漢字に直して□に入れ、**対義語・類義語**を作れ。□内のひらがなは一度だけ使い、**一字**記せ。 (20) 2×10

対義語

1 一般—□殊
2 強情—従□
3 拘束—□放
4 軽率—慎□
5 穏和—粗□

類義語

6 周到—□密
7 傍観—座□
8 克明—丹□
9 官吏—□人
10 征伐—□治

かい・し・じゅん・たい
ちょう・とく・ねん・ぼう
めん・やく

(五) 1 ア　2 エ　3 ウ　4 エ　5 イ　6 エ　7 エ　8 イ　9 エ　10 ア

(六) 1 特　2 順　3 解　4 重　5 暴　6 綿　7 視　8 念　9 役　10 退

(七) 次の——線のカタカナを漢字一字と送りがな（ひらがな）に直せ。(10) 2×5

〈例〉問題にコタエル。　答える

1 我が家はホガラカな家族だ。
2 祖父の代から米屋をイトナム。
3 健康をソコナウことがある。
4 私にはヤサシイ問題だった。
5 辞書で漢字をタシカメル。

(八) 文中の四字熟語の——線のカタカナを漢字に直せ。(20) 2×10

1 趣味と実益で一挙リョウトクだ。
2 キキュウ存亡の瀬戸ぎわに立つ。
3 孤城ラクジツの様相だ。
4 シュウジン環視の中で踊る。
5 退職後はセイコウ雨読の毎日だ。
6 実はドウショウ異夢の集まりだ。
7 これはフクザツ怪奇な出来事だ。
8 あの姉妹はヨウシ端麗だ。
9 彼の博覧キョウキには驚く。
10 シソウ堅固な若者が多い。

(九) 次の各文にまちがって使われている同じ読みの漢字が一字ある。上に誤字を、下に正しい漢字を記せ。(10) 2×5

1 解雇に抗疑する会合に賛同する労働者が、近隣府県から集まった。
2 大規模な森林の伐採は、生態形に影響を及ぼすと指摘されている。
3 期待の新鋭作家として脚好を浴び、短編集も刊行される予定だ。

解答

(七)
1 朗らか
2 営む
3 損なう
4 易しい
5 確かめる

(八)
1 両得
2 危急
3 落日
4 衆人
5 晴耕
6 同床
7 複雑
8 容姿
9 強記
10 志操

(九)
1 疑・議
2 形・系
3 好・光
4 堅・検
5 巧・効

4 経営者は従業員の改善すべき諸課題について詳細にわたり堅討した。

5 難病の特巧薬を研究した博士の講演会が来月開催される。

(十) 次の——線のカタカナを漢字に直せ。 (40) 2×20

1 財布を駅のイシツ物係に届けた。

2 昆《こん》虫の雌雄のシキベツをする。

3 彼は清廉ケッパクな人だ。

4 土地の所有が県にイカンされた。

5 ビンジョウ値上げは許されない。

6 競争相手のゴクヒ情報をつかむ。

7 緊張して実力をハッキできない。

8 具体的事例をマイキョする。

9 失敗してもヒナンしないよ。

10 細かい計算にゴサが生じた。

11 新たにハセイした課題がある。

12 耐震ホキョウ工事が行われた。

13 ドギモをぬかれた。

14 成功させるのはシナンの技だ。

15 ジソン心をくすぐられる。

16 歳末商戦の計画案をネる。

17 地震にソナえて家具を固定した。

18 人生をカエリみる機会となった。

19 彼はスジガネ入りの悪党だ。

20 天気もよく行楽ビヨリだ。

(十)
1 遺失
2 識別
3 潔白
4 移管
5 便乗
6 極秘
7 発揮
8 枚挙
9 非(批)難
10 誤差
11 派生
12 補強
13 度肝
14 至難
15 自尊
16 練
17 備
18 省(顧)
19 筋金
20 日和

実戦模擬テスト〔第2回〕

解答には、常用漢字の旧字体や表外漢字および常用漢字音訓表以外の読みを使ってはいけない。

時間 60分
合格点 140点
得点 /200

(一) 次の――線の読みをひらがなで記せ。 (30) 1×30

1 遺漏のないように手配しなさい。
2 巧妙な手口の犯罪が多発した。
3 これは常軌を逸した行動だ。
4 果敢に攻撃したが敗れた。
5 犯人を隠匿すると罪になる。
6 最近は殺伐とした世相である。
7 外国製品の排斥運動が起こった。
8 鍛錬した体だから大丈夫だ。
9 犯人の拘留期間が延長された。
10 運河の掘削作業が続いている。
11 デモ隊が政府軍に鎮圧された。
12 会議は暫時休憩とする。
13 どのような苦言も甘受するよ。
14 多岐にわたる課題が残された。
15 人の行動を邪推してはいけない。
16 原野を開墾した人々が住む町だ。
17 人生の悲哀を感じる。
18 事件で出入り口が封鎖された。
19 日ごろのご愛顧に感謝します。

解答

(一)
1 いろう
2 こうみょう
3 じょうき
4 かかん
5 いんとく
6 さつばつ
7 はいせき
8 たんれん
9 こうりゅう
10 くっさく
11 ちんあつ
12 ざんじ
13 かんじゅ
14 たき
15 じゃすい
16 かいこん
17 ひあい
18 ふうさ
19 あいこ

20 我が家の財産は没収された。
21 田舎で平穏な日々を送りたい。
22 徒労感と虚脱感におそわれた。
23 グライダーが青空を滑空する。
24 友人を励ましながら共に学んだ。
25 慌てると失敗する結果となる。
26 山頂は雲に覆われている。
27 師と慕ってきた人が亡くなった。
28 知識が乏しいので答えられない。
29 寺で修行をして悟りを開く。
30 登山中に吹雪に見舞われた。

(二) 次の――線の**カタカナ**にあてはまる漢字をそれぞれの**ア～オ**から**一つ**選び、**記号**で答えよ。 (30) 2×15

1 伝統芸能を**ケイ**承していく。
2 方向転換をする**ケイ**機となった。
3 彼の意見に**ケイ**発された。
(ア 契　イ 敬　ウ 啓　エ 景　オ 継)

4 食べ物を**ソ**末にしてはいけない。
5 景気対策に万全の**ソ**置をとる。
6 反対派の侵入を**ソ**止した。
(ア 粗　イ 訴　ウ 阻　エ 措　オ 祖)

7 地下室に**ユウ**閉されてしまった。
8 **ユウ**惑に負けて悪いことをした。
9 困難な事態だと**ユウ**慮している。
(ア 誘　イ 幽　ウ 雄　エ 憂　オ 裕)

10 それは**ケン**明な方法だと思う。
11 **ケン**道の選手として活躍した。
12 彼は**ケン**約家で物を買わない。
(ア 倹　イ 堅　ウ 賢　エ 遣　オ 剣)

13 株でもうけて財産を**フ**やした。
14 さわやかな風が**フ**く。
15 人の目に**フ**れる所に置くな。
(ア 殖　イ 踏　ウ 触　エ 振　オ 吹)

20 ぼっしゅう
21 へいおん
22 きょだつ
23 かっくう
24 はげ
25 あわ
26 おお
27 した
28 とぼ
29 さと
30 ふぶき

(二)
1 オ
2 ア
3 ウ
4 ア
5 エ
6 ウ
7 イ
8 ア
9 エ
10 ウ
11 オ
12 ア
13 ア
14 オ
15 ウ

(三) 1〜5の三つの□に**共通する漢字**を入れて熟語を作れ。漢字は**ア〜コ**から**一つ**選び、**記号**で答えよ。 (10) 2×5

1 □刊・□製・□存
2 □印・□建・素□家
3 □気・□魚・幼□
4 □下・□落・□細
5 □在・停□・□納

ア 放　イ 封　ウ 止　エ 零
オ 既　カ 自　キ 降　ク 稚
ケ 滞　コ 恥

(四) **熟語の構成**のしかたには次のようなものがある。 (20) 2×10

ア 同じような意味の漢字を重ねたもの（岩石）
イ 反対または対応の意味を表す字を重ねたもの（高低）
ウ 上の字が下の字を修飾しているもの（洋画）
エ 下の字が上の字の目的語・補語になっているもの（着席）
オ 上の字が下の字の意味を打ち消しているもの（非常）

次の熟語は右の**ア〜オ**のどれにあたるか、**一つ**選び、**記号**で答えよ。

1 哀歓
2 摂取
3 投獄
4 緩急
5 遭難
6 緩慢
7 不穏
8 衝突
9 偶発
10 晩鐘

解答

(三)
1 オ
2 イ
3 ク
4 エ
5 ケ

(四)
1 イ
2 ア
3 エ
4 イ
5 エ
6 ア
7 オ
8 ア
9 ウ
10 ウ

(五) 次の漢字の**部首**を**ア〜エ**から**一つ**選び、記号で答えよ。 (10) 1×10

1 慕（ア 艹　イ 日　ウ 大　エ ⺗）
2 暮（ア 艹　イ 一　ウ 日　エ 大）
3 義（ア 一　イ 羊　ウ 扌　エ 戈）
4 企（ア 𠆢　イ 止　ウ 一　エ 人）
5 裁（ア 土　イ 衣　ウ 戈　エ 丶）
6 聖（ア 耳　イ 口　ウ 十　エ 王）
7 周（ア 冂　イ 土　ウ 口　エ 士）
8 東（ア 一　イ 木　ウ 日　エ 亅）
9 暴（ア 日　イ 大　ウ 八　エ 氺）
10 卵（ア 丶　イ ノ　ウ 卩　エ 亅）

(六) 後の□内のひらがなを漢字に直して□に入れ、**対義語・類義語**を作れ。□内のひらがなは一度だけ使い、**一字**記せ。 (20) 2×10

対義語

1 抑制——促□
2 具体——抽□
3 分裂——□一
4 甘言——□言
5 華美——□素

類義語

6 明白——□然
7 高慢——□大
8 借金——□債
9 了承——□諾
10 手腕——□量

ぎ・きょ・く・しっ・しょう
しん・そん・とう・ふ・れき

(五)
1 エ　2 ウ　3 イ　4 ア　5 イ　6 ア　7 ウ　8 イ　9 ア　10 ウ

(六)
1 進　2 象　3 統　4 苦　5 質　6 歴　7 尊　8 負　9 許　10 技

(七) 次の――線のカタカナを漢字一字と送りがな（ひらがな）に直せ。 (10) 2×5

〈例〉問題にコタエル。 答える

1 人の失敗のみをセメルな。
2 ワザワイ転じて福となす
3 ウタガワシイ行動はとるな。
4 自宅前の畑をタガヤス老夫婦。
5 老人をウヤマウようにしている。

(八) 文中の四字熟語の――線のカタカナを漢字に直せ。 (20) 2×10

1 父親にしかられイキ消沈する。
2 巧言レイショクな態度が反感を買う。
3 シンザン幽谷の風景に心が洗われるようだ。
4 座禅《ぜん》を組み明鏡シスイの心境になる。
5 彼は漫言ホウゴし信頼を失った。
6 熟慮ダンコウして、成功を収めた。
7 彼女の振る舞いはテンイ無縫だ。
8 優柔フダンな態度が好機を逃す。
9 権謀ジュッスウの限りを尽くした。
10 今回の彼の行動は千慮イッシツと言えるだろう。

(九) 次の各文にまちがって使われている同じ読みの漢字が一字ある。上に誤字を、下に正しい漢字を記せ。 (10) 2×5

1 地震災害に備え家屋の保強が必要だが、経費がかさんで困難だ。
2 同想会の幹事が旧友に案内状を送付したが、住所不明で返却された。
3 大地震が起こり予側のつかない事態に遭遇し、指令本部も困惑した。

解答

(七)
1 責める
2 災い
3 疑わしい
4 耕す
5 敬う

(八)
1 意気
2 令色
3 深山
4 止水
5 放語
6 断行
7 天衣
8 不断
9 術数
10 一失

(九)
1 保・補
2 想・窓
3 側・測
4 違・緯
5 志・使

4 事件解決に向け、その経違を周辺住民から詳細に聴取する私服刑事。

5 最先端の科学技術を駆志し、宇宙開発を進めた経歴を持つ人物の著作だ。

(十) 次の――線のカタカナを漢字に直せ。 (40) 2×20

1 彼はシンコクな顔をしている。

2 人事をサッシンして出直したい。

3 事故で車がソンショウを受けた。

4 踏切の前でケイテキを鳴らす。

5 城のモケイを作って展示した。

6 これはシトウな意見だと思うよ。

7 電波ショウガイで映りにくい。

8 祖父はかつてコウザンで働いた。

9 首相は欧米諸国をレキホウした。

10 ネンガンがかなって留学した。

11 浜辺にはヒョウリュウ物がある。

12 親しい隣国とメイヤクを結んだ。

13 昆《こん》虫のヒョウホンを集める。

14 劣勢だが、コウサンしないよ。

15 フクショウして記憶にとどめる。

16 カンセイな住宅街を歩く。

17 私腹をコやすまねはしない。

18 若いころは親の意見にソムいた。

19 来春新入社員をトることにした。

20 シグレにあい軒下をお借りした。

(十)
1 深刻
2 刷新
3 損傷
4 警笛
5 模型
6 至当
7 障害
8 鉱山
9 歴訪
10 念願
11 漂流
12 盟約
13 標本
14 降参
15 復唱
16 閑静
17 肥
18 背
19 採
20 時雨

実戦模擬テスト〈第3回〉

解答には、常用漢字の旧字体や表外漢字および常用漢字音訓表以外の読みを使ってはいけない。

時間 60分
合格点 140点
得点 /200

(一) 次の――線の読みをひらがなで記せ。 (30) 1×30

1 政界に新しい機運が胎動する。
2 食後の歯磨《みが》きを励行しなさい。
3 これは装丁が見事な美術書だ。
4 彼はいつもは冗漫な文章を書く。
5 これは水蒸気が凝結したものだ。
6 本番前で感情が高揚している。
7 病気で試験を免除してもらった。
8 この地域は零細企業が多い。
9 国の規制緩和が進んでいる。
10 戦いの前に選手は気炎をあげた。
11 試合に敗れ来季の雪辱を誓《ちか》った。
12 諮問に対する答申が出された。
13 無用な焦燥感をもつ必要はない。
14 自分の意見を強硬に主張した。
15 歌手は抑揚のある声で歌う。
16 集団で野蛮な行為を繰り返す。
17 負傷して競技を途中で棄権した。
18 ついに再会した二人は抱擁した。
19 祖父の代から養豚業を営む。

解答

(一)
1 たいどう
2 れいこう
3 そうてい
4 じょうまん
5 ぎょうけつ
6 こうよう
7 めんじょ
8 れいさい
9 かんわ
10 きえん
11 せつじょく
12 しもん
13 しょうそう
14 きょうこう
15 よくよう
16 やばん
17 きけん
18 ほうよう
19 ようとん

20 作業中の事故で裂傷を負った。
21 彼は特赦により釈放された。
22 酵母菌《きん》の働きでできた食品だ。
23 旅行でいつも携行している物だ。
24 社にとって惜しい人を亡くした。
25 巧みな話術で知られる人だ。
26 借金の返済が滞っている。
27 土産を携えて友人宅を訪ねた。
28 凍える寒さの中で競技をした。
29 趣味は飽きることはない。
30 校庭の芝生の上で遊ぶ児童たち。

(二) 次の――線のカタカナにあてはまる漢字をそれぞれのア～オから一つ選び、記号で答えよ。 (30) 2×15

1 この条件にガイ当する人を選ぶ。
2 来年度のガイ算要求をする。
3 母の話を聞き感ガイを覚えた。
(ア外 イ概 ウ該 エ害 オ慨)

4 余力を利用して趣味にいそしむ。
5 電気技師が力線工事をしている。
6 被災者のため力設住宅を建てた。
(ア仮 イ暇 ウ価 エ架 オ科)

7 口頭シ問にのぞむ。
8 兄は福祉シ設で働いている。
9 論文の要シを添えて提出した。
(ア諮 イ旨 ウ試 エ施 オ誌)

10 カン燥すると火災が起きやすい。
11 カン然と立ち向かう。
12 情勢をカン案して判断する。
(ア感 イ緩 ウ敢 エ勘 オ乾)

13 着物を着て帯をシめた。
14 過半数をシめる賛成が必要だ。
15 自らの首をシめることになる。
(ア占 イ締 ウ閉 エ強 オ絞)

20 れっしょう
21 とくしゃ
22 こうぼ
23 けいこう
24 お
25 たく
26 とどこお
27 たずさ
28 こご
29 あ
30 しばふ

(二)
1 ウ
2 イ
3 オ
4 イ
5 エ
6 ア
7 ウ
8 エ
9 イ
10 オ
11 ウ
12 エ
13 イ
14 ア
15 オ

(三) 1～5の三つの□に**共通する漢字**を入れて熟語を作れ。漢字は**ア～コ**から**一つ**選び、記号で答えよ。 (10) 2×5

1 放□・投□・□却
2 □縮・□張・□迫
3 清□・□価・破□恥
4 □進・□成・催□
5 □解・□見・完□

ア 廉　イ 前　ウ 促　エ 品
オ 了　カ 心　キ 伸　ク 棄
ケ 手　コ 緊

(四) **熟語の構成**のしかたには次のようなものがある。 (20) 2×10

ア 同じような意味の漢字を重ねたもの (岩石)
イ 反対または対応の意味を表す字を重ねたもの (高低)
ウ 上の字が下の字を修飾しているもの (洋画)
エ 下の字が上の字の目的語・補語になっているもの (着席)
オ 上の字が下の字の意味を打ち消しているもの (非常)

次の熟語は右の**ア～オ**のどれにあたるか、**一つ**選び、**記号**で答えよ。

1 賢愚
2 稚魚
3 未納
4 厳封
5 昇格

6 隔離
7 佳境
8 邪悪
9 脱藩
10 出没

解答

(三)
1 ク
2 コ
3 ア
4 ウ
5 オ

(四)
1 イ
2 ウ
3 オ
4 ウ
5 エ
6 ア
7 ウ
8 ア
9 エ
10 イ

(五) 次の漢字の部首をア～エから一つ選び、記号で答えよ。 (10) 1×10

1 辱（ア 厂　イ 辰　ウ 一　エ 寸）
2 免（ア ノ　イ 一　ウ 儿　エ 八）
3 郷（ア 幺　イ ノ　ウ 日　エ 阝）
4 衰（ア 亠　イ 一　ウ 日　エ 衣）
5 乳（ア ノ　イ ⺍　ウ 子　エ し）
6 畜（ア 亠　イ 幺　ウ 田　エ 日）
7 某（ア 一　イ 甘　ウ 木　エ 十）
8 業（ア 一　イ 羊　ウ 木　エ 二）
9 奪（ア 一　イ 大　ウ 隹　エ 寸）
10 辛（ア 亠　イ 立　ウ 辛　エ 十）

(六) 後の□内のひらがなを漢字に直して□に入れ、対義語・類義語を作れ。□内のひらがなは一度だけ使い、一字記せ。 (20) 2×10

対義語

1 浪費―倹□
2 模倣―□造
3 需要―□給
4 辛勝―惜□
5 衰微―興□

類義語

6 傾向―風□
7 携帯―所□
8 前途―将□
9 計算―勘□
10 審議―□討

きょう・けん・じ・じょう
そう・ちょう・はい・やく
らい・りゅう

(五)
1 イ　2 ウ　3 エ　4 エ　5 エ　6 ウ　7 ウ　8 ウ　9 イ　10 ウ

(六)
1 約　2 創　3 供　4 敗　5 隆　6 潮　7 持　8 来　9 定　10 検

(七) 次の――線のカタカナを漢字一字と送りがな(ひらがな)に直せ。 (10) 2×5

〈例〉問題にコタエル。 答える

1 祭りのイサマシイ若者の声。
2 彼の言うことにシタガエばよい。
3 強打者を凡打にシリゾケル。
4 我が人生をカエリミル機会だ。
5 夜道の一人歩きはアブナイ。

(八) 文中の四字熟語の――線のカタカナを漢字に直せ。 (20) 2×10

1 彼が罰せられたことはインガ応報だ。
2 前進するにはオンコ知新の精神が不可欠だ。
3 成果が上がらずシツボウ落胆する。
4 ジュウオウ無尽に駆け巡る。
5 ソッセン垂範して練習に励む。
6 ベテランのメンモク躍如たる演技。
7 諸外国から門戸カイホウを迫られる。
8 緩急ジザイの見事な投球だ。
9 寺や神社の故事ライレキを調べる。
10 リュウゲン飛語が飛び交う。

(九) 次の各文にまちがって使われている同じ読みの漢字が一字ある。上に誤字を、下に正しい漢字を記せ。 (10) 2×5

1 丹精込めて育成した野菜を集穫し、早朝の青果市場に搬送した。
2 情熱的な彼の舞台は観衆の好表を博し、主催者は再演を決定した。
3 工場排水が河川の水を汚洗し、飲料水にも多大の影響を及ぼした。

解答

(七)
1 勇ましい
2 従え
3 退ける
4 省(顧)みる
5 危ない

(八)
1 因果
2 温故
3 失望
4 縦横
5 率先
6 面目
7 開放
8 自在
9 来歴
10 流言

(九)
1 集・収
2 表・評
3 洗・染
4 面・綿
5 製・整

4 登山には面密な計画が必要であり、万全の装備をして出かけたい。

5 自動車製備工場で働いた青年は、後に実業家として大成した。

(十) 次の――線のカタカナを漢字に直せ。 (40) 2×20

1 ゾウモツを使ったホルモンなべ。

2 一日も休まずセイキン賞をもらう。

3 お手紙をハイケンしました。

4 土地をタンポにして借金をした。

5 学校のエンカクを記した書物だ。

6 父はヨウサンギョウを営む。

7 これでは失敗はヒツジョウだ。

8 病気はショウコウ状態にある。

9 来年度予算案がカクギ決定した。

10 機械のソウサを誤り負傷した。

11 交通安全をスンゲキで啓発した。

12 古い建築物が残るグンラクだ。

13 オウリョウの罪で起訴された。

14 被害者をキュウサイする法案だ。

15 不手際をシンシャいたします。

16 刃《は》物をトぐのには技術がいる。

17 祖父はハオリを着て出かけた。

18 教室からホガらかな声が聞こえる。

19 宿題をスませてから遊びなさい。

20 タンポポのワタゲが飛んでいる。

(十)
1 臓物
2 精勤
3 拝見
4 担保
5 沿革
6 養蚕業
7 必定
8 小康
9 閣議
10 操作
11 寸劇
12 群落
13 横領
14 救済
15 深謝
16 研
17 羽織
18 朗
19 済
20 綿毛

絶対覚えたい! 読み

基本的に3級配当漢字から出題されるので、3級に配当された漢字の読みを確実に身につけておく必要がある。ここでは、過去に出題された読みの問題の中から、特に重要な読みばかりを集めた。また、小学校で学習する漢字のうち、中学校で習う漢字の読みや熟字訓も出題されることがあるので注意したい。

（・印は3級配当漢字）

欺・く	アザムく
慌・てる	アワてる
憩・う	イコう
慰・労	イロウ
遺漏・	イロウ
促・す	ウナガす
奪・う	ウバう
恨・む	ウラむ
潤・す	ウルオす
憂・える	ウレえる
閲・覧	エツラン
円滑・	エンカツ
惜・しい	オしい
覆・う	オオう
抑・える	オサえる
脅・す	オドす
衰・える	オトロえる
赴・く	オモムく
穏・便	オンビン
換・える	カえる
架・ける	カける
開墾・	カイコン
快諾・	カイダク
顧・みる	カエリみる
掲・げる	カカげる
果敢・	カカン
架・空	カクウ
硬・い	カタい
辛・い	カラい
勘・案	カンアン
完遂・	カンスイ
緩・和	カンワ
犠・牲・	ギセイ
鍛・える	キタえる
軌・道	キドウ
危篤・	キトク
恐悦・	キョウエツ
凝・視	ギョウシ
虚・勢	キョセイ
岐・路	キロ
緊・迫	キンパク
悔・やむ	クやむ
空虚・	クウキョ
崩・れる	クズれる
屈辱・	クツジョク
悔・しい	クヤしい
企・てる	クワダてる
契・機	ケイキ
掲・載	ケイサイ
激励・	ゲキレイ
潔癖・	ケッペキ
険阻・	ケンソ
校閲・	コウエツ
交錯・	コウサク
高揚・	コウヨウ
香炉・	コウロ
凍・える	コゴえる
互譲・	ゴジョウ
催・促・	サイソク
採択・	サイタク
撮・影	サツエイ
錯・覚	サッカク
茶飯事	サハンジ
妨・げる	サマタげる
暫・定	ザンテイ
慈・善	ジゼン
慕・う	シタう
疾・駆	シック
湿・潤・	シツジュン
失墜・	シッツイ
縦・貫・	ジュウカン
殊・勝	シュショウ
遵・守	ジュンシュ
潤・沢	ジュンタク
常軌・	ジョウキ
衝・撃	ショウゲキ
錠・剤	ジョウザイ
昇・進	ショウシン
承諾・	ショウダク
掌・中	ショウチュウ
常駐・	ジョウチュウ
譲・渡	ジョウト
冗・漫	ジョウマン
処遇・	ショグウ
嘱・望	ショクボウ
辛・苦	シンク
神髄・	シンズイ

審美眼	シンビガン
擦れる	スれる
衰退	スイタイ
既に	スデに
滑る	スべる
精巧	セイコウ
惜敗	セキハイ
折衝	セッショウ
相克	ソウコク
雑炊	ゾウスイ
装丁	ソウテイ
礎石	ソセキ
措置	ソチ
多岐	タキ
卓抜	タクバツ
携わる	タズサわる
漂う	タダヨう

魂	タマシイ
鍛錬	タンレン
稚魚	チギョ
畜産	チクサン
恥辱	チジョク
窒息	チッソク
抽出	チュウシュツ
鎮圧	チンアツ
陳謝	チンシャ
追随	ツイズイ
痛恨	ツウコン
募る	ツノる
締結	テイケツ
添削	テンサク
凍結	トウケツ
闘魂	トウコン
踏襲	トウシュウ

登壇	トウダン
篤実	トクジツ
匿名	トクメイ
遂げる	トげる
滞る	トドコオる
乏しい	トボしい
慰める	ナグサめる
名残	ナゴリ
憎む	ニクむ
縫う	ヌう
粘り	ネバり
濃紺	ノウコン
破棄	ハキ
掃く	ハく
励ます	ハゲます
発酵	ハッコウ
抜粋	バッスイ

花嫁	ハナヨメ
破裂	ハレツ
卑下	ヒゲ
秘匿	ヒトク
漂白	ヒョウハク
封鎖	フウサ
伏線	フクセン
覆面	フクメン
膨らむ	フクらむ
赴任	フニン
浮揚	フヨウ
墳墓	フンボ
崩壊	ホウカイ
妨害	ボウガイ
縫合	ホウゴウ
邦人	ホウジン
膨張	ボウチョウ

奉納	ホウノウ
捕鯨	ホゲイ
没頭	ボットウ
施す	ホドコす
翻訳	ホンヤク
埋蔵	マイゾウ
幻	マボロシ
満悦	マンエツ
水揚げ	ミズアげ
密封	ミップウ
魅惑	ミワク
無謀	ムボウ
免除	メンジョ
模倣	モホウ
漏らす	モらす
雇う	ヤトう
結う	ユう

優遇	ユウグウ
憂慮	ユウリョ
譲る	ユズる
揺らぐ	ユらぐ
緩やか	ユルやか
擁護	ヨウゴ
容赦	ヨウシャ
擁立	ヨウリツ
抑制	ヨクセイ
濫獲	ランカク
隆盛	リュウセイ
輪郭	リンカク
励行	レイコウ
廉価	レンカ
朗詠	ロウエイ
漏電	ロウデン
炉端	ロバタ

絶対覚えたい! 書き取り

小学校で学習する漢字は千文字程度であるが、確実に得点できるように、音読み・訓読みともしっかり身につけておきたい。ここでは、過去に出題された書き取り問題の中から、特に重要なものを取り上げた。

アキナう	商う
アタマキン	頭金
アツデ	厚手
アマヤドり	雨宿り
アヤマる	謝る
アラう	洗う
アンケン	案件
イキオい	勢い
イサましい	勇ましい
イシツ	遺失
イズミ	泉
イタダく	頂く
イタる	至る
イチジルしい	著しい
イトナみ	営み
イナオる	居直る
イナカ	田舎
インソツ	引率
ウタガう	疑う
ウツワ	器
ウラハラ	裏腹
エンセン	沿線
エンソウ	演奏
エンチョウ	延長
オガむ	拝む
オギナう	補う
オゴソか	厳か
オしはかる	推しはかる
オトズれる	訪れる
カイコ	蚕
カクダン	格段
カゼイ	課税
カタキ	敵
カタコト	片言
カタヤブり	型破り
カテイ	過程
カブヌシ	株主
カメイ	加盟
ガリュウ	我流
カンゴ	看護
キソう	競う
キチョウ	基調
キビしい	厳しい
ギャッキョウ	逆境
キョウキュウ	供給
ギョウセキ	業績
キワめて	極めて
キンゴウ	近郷
クレナイ	紅
クンリン	君臨
ケイエン	敬遠
ケイトウ	系統
ケイホウ	警報
ゲキテキ	劇的
ケッパク	潔白
ゲンカイ	限界
ゲンミツ	厳密
コイ	故意
コウギ	講義
コウソウ	構想
ゴガン	護岸
ゴクヒ	極秘
コショウ	故障
コヅツミ	小包
コトワる	断る
コやす	肥やす
コンラン	混乱
サイゲン	際限
サイサン	採算
サイフ	財布
サカイ	境
サカテ	逆手
サチ	幸
ザッカ	雑貨
サンサク	散策
シいる	強いる
ジシャク	磁石
シショウ	支障
ジッセキ	実績
シナン	至難
ジフ	自負
シヤ	視野
シャクド	尺度
ジュウセキ	重責
シュウヨウ	収容
シュクシャク	縮尺
ジュンエン	順延

ショウガイ	障害
ショウコウ	小康
ジョウハツ	蒸発
ショチ	処置
シリゾく	退く
シロモノ	代物
シンピ	神秘
スイイ	推移
スイジュン	水準
スジアい	筋合い
スます	済ます
スミやか	速やか
スる	刷る
ゼッサン	絶賛
セツビ	設備
セめる	責める
センモン	専門
ソウキ	想起
ソウサ	操作
ソウサク	創作
ソウチ	装置
ソナえる	供える
ソナえる	備える
ソラニ	空似
タイショウ	対照
タテ	縦
タビジ	旅路
タンシュク	短縮
ダンショウ	談笑
ダンリュウ	暖流
チカヨる	近寄る
チュウガエり	宙返り
チョウタツ	調達
チョシャ	著者
ツげる	告げる
ツドい	集い
テイキ	提起
テイサイ	体裁
テサげ	手提げ
デマド	出窓
テマネき	手招き
テれる	照れる
デンセン	伝染
トウロン	討論
ドキョウ	度胸
トぐ	研ぐ
ドクソウ	独創
トクテン	特典
トドく	届く
トナえる	唱える
トむ	富む
トリイ	鳥居
ナサけ	情け
ナットク	納得
ナラぶ	並ぶ
ネウち	値打ち
ネンリョウ	燃料
ハイク	俳句
ハタジルシ	旗印
ハッカク	発覚
ハッキ	発揮
バンサク	万策
ヒアがる	干上がる
ヒハン	批判
ヒめる	秘める
ヒョウバン	評判
ヒラアヤマり	平謝り
ヒンカク	品格
ヒンプ	貧富
フタン	負担
フッキン	腹筋
フルカブ	古株
へる	減る
ホウドウ	報道
ボウメイ	亡命
ホウモン	訪問
ホド	程
ホネオり	骨折り
マクギれ	幕切れ
マコト	誠
マルアラい	丸洗い
ミキ	幹
ミチビく	導く
ムクいる	報いる
ムす	蒸す
メイロウ	明朗
メンボク	面目
メンミツ	綿密
モウける	設ける
モケイ	模型
ヤサしい	優しい
ヤシナう	養う
ヤめる	辞める
ユう	結う
ユエ	故
ユザまし	湯冷まし
ヨウイ	容易
ヨキン	預金
ヨクジツ	翌日
リョウイキ	領域
ロウドク	朗読
ワリアイ	割合

絶対覚えたい! 同音異字

3級と4級に配当された漢字を中心として、小学校で学習する漢字で同音のものを組み合わせて出題される。特に3級配当漢字で同音のものについては、その使い方を確実に身につけておきたい。ここでは、過去に出題された問題を中心として、紛らわしい同音の漢字を取り上げた。

い

慰《い》 遺《い》 維《い》 委《い》
問《もん》 品《ひん》 持《じ》 細《さい》

えい

鋭《えい》 詠《えい》 影《えい》
利《り》 嘆《たん》 響《きょう》

か

余《よ》 架《か》 仮《か》
暇《か》 線《せん》 設《せつ》

か

佳《か》 出《しゅつ》 華《か》
作《さく》 荷《か》 麗《れい》

かい

皆《かい》 後《こう》 警《けい》 金《きん》
勤《きん》 悔《かい》 戒《かい》 塊《かい》

がい

感《かん》 該《がい》 概《がい》
慨《がい》 当《とう》 算《さん》

かく

隔《かく》 城《じょう》 収《しゅう》 獲《かく》
離《り》 郭《かく》 穫《かく》 得《とく》

かん

緩《かん》 乾《かん》 勘《かん》 敢《かん》 歓《かん》 換《かん》 喚《かん》
和《わ》 燥《そう》 案《あん》 然《ぜん》 声《せい》 気《き》 起《き》

き

騎《き》 発《はっ》 奇《き》 棄《き》 分《ぶん》 軌《き》 企《き》
馬《ば》 揮《き》 妙《みょう》 権《けん》 岐《き》 跡《せき》 画《かく》
点《てん》

けい

傾《けい》 連《れん》 減《げん》 養《よう》 掲《けい》 休《きゅう》 啓《けい》 継《けい》 契《けい》
向《こう》 携《けい》 刑《けい》 鶏《けい》 示《じ》 憩《けい》 発《はっ》 承《しょう》 機《き》

けん

派《は》 倹《けん》 賢《けん》
遣《けん》 約《やく》 明《めい》

こ

鼓《こ》 解《かい》 愛《あい》
舞《ぶ》 雇《こ》 顧《こ》

こう

控《こう》 巧《こう》 坑《こう》 近《きん》
訴《そ》 妙《みょう》 内《ない》 郊《こう》

こん

開《かい》 困《こん》 魂《こん》 悔《かい》
墾《こん》 惑《わく》 胆《たん》 恨《こん》

さく

交《こう》 搾《さく》 添《てん》
錯《さく》 取《しゅ》 削《さく》

し

要《よう》 諮《し》 施《し》
旨《し》 問《もん》 設《せつ》

じ

類《るい》 耳《じ》 慈《じ》
似《じ》 目《もく》 愛《あい》

しょう

衝《しょう》 焦《しょう》 昇《しょう》 掌《しょう》 警《けい》
突《とつ》 燥《そう》 進《しん》 握《あく》 鐘《しょう》

じょう

冗《じょう》談《だん》 錠《じょう》前《まえ》 分《ぶん》譲《じょう》 令《れい》嬢《じょう》

すい

純《じゅん》粋《すい》 遂《すい》行《こう》 衰《すい》退《たい》 垂《すい》直《ちょく》 推《すい》量《りょう》 陶《とう》酔《すい》

せん

宣《せん》伝《でん》 潜《せん》入《にゅう》 占《せん》有《ゆう》 扇《せん》状《じょう》 鮮《せん》明《めい》

そ

阻《そ》止《し》 措《そ》置《ち》 粗《そ》末《まつ》 起《き》訴《そ》

そう

一《いっ》掃《そう》 乾《かん》燥《そう》 双《そう》方《ほう》 騒《そう》音《おん》 葬《そう》儀《ぎ》 遭《そう》難《なん》 創《そう》立《りつ》

たく

屈《くっ》託《たく》 食《しょく》卓《たく》 択《たく》一《いっ》 開《かい》拓《たく》

たん

大《だい》胆《たん》 端《たん》整《せい》 鍛《たん》錬《れん》 丹《たん》精《せい》

ちょう

緊《きん》張《ちょう》 超《ちょう》越《えつ》 聴《ちょう》衆《しゅう》 徴《ちょう》収《しゅう》

ちん

沈《ちん》痛《つう》 鎮《ちん》痛《つう》剤《ざい》 陳《ちん》腐《ぷ》

てい

皇《こう》帝《てい》 締《てい》結《けつ》 抵《てい》触《しょく》

とう

陶《とう》酔《すい》 透《とう》明《めい》 冷《れい》凍《とう》 天《てん》然《ねん》痘《とう》

とく

隠《いん》匿《とく》 危《き》篤《とく》 既《き》得《とく》

ひ

歌《か》碑《ひ》 卑《ひ》近《きん》 疲《ひ》労《ろう》

ぼ

応《おう》募《ぼ》 規《き》模《ぼ》 追《つい》慕《ぼ》 暮《ぼ》色《しょく》

ほう

崩《ほう》壊《かい》 封《ほう》建《けん》 奉《ほう》仕《し》 飽《ほう》食《しょく》 模《も》倣《ほう》 裁《さい》縫《ほう》 芳《ほう》香《こう》

ぼう

某《ぼう》国《こく》 膨《ぼう》大《だい》 無《む》謀《ぼう》 欠《けっ》乏《ぼう》

ゆう

幽《ゆう》閉《へい》 憂《ゆう》慮《りょ》 誘《ゆう》惑《わく》 雄《ゆう》弁《べん》

よう

動《どう》揺《よう》 民《みん》謡《よう》 擁《よう》護《ご》 溶《よう》接《せつ》

りょう

丘《きゅう》陵《りょう》 猟《りょう》犬《けん》 食《しょく》糧《りょう》 魅《み》了《りょう》

れん

錬《れん》金《きん》術《じゅつ》 連《れん》携《けい》 廉《れん》売《ばい》

ろう

波《は》浪《ろう》 廊《ろう》下《か》 漏《ろう》電《でん》

絶対覚えたい！ 同訓異字

3級とそれ以下の級に配当された漢字で同訓のものを組み合わせて出題される。特に3級以下に配当された漢字で同訓のものは少ないので、確実に身につけておきたい。ここでは、過去に出題された問題を中心として、紛らわしい同訓の漢字を取り上げた。

あ
- 天ぷらが揚がる。
- 長話に飽きる。
- 事故に遭う。

い（る）
- 友人宅に居る。
- 弓矢を射る。
- 資金が要る。
- 器を鋳る。

う
- 雲が浮かぶ。
- 工事を請け負う。
- でき得る限り。

うつ（す）
- 鏡に姿を映す。
- 事務所を移す。
- ノートに写す。

お
- 生い立ちを語る。
- 別れを惜しむ。
- 生徒会長に推す。

おさ（める）
- 予算内に収める。
- 学業を修める。
- 税金を納める。
- 国を治める。

か（える）
- 電車を乗り換える。
- 水を入れ替える。
- 髪型を変える。
- あいさつに代える。

か（ける）
- 川に橋を架ける。
- 毛布を掛ける。
- 馬が駆ける。
- コップが欠ける。

き（く）
- 音楽を聴く。
- 筋肉痛に効く。

く
- 大木が朽ちる。
- 遅刻を悔やむ。
- ページを繰る。

こ
- 国境を越える。
- 食べ過ぎで肥える。
- なべを焦がす。

さ
- 二人の仲を裂く。
- 紙面を割く。
- 人混みを避ける。
- かばんを提げる。

し（める）
- 気を引き締める。
- 多数を占める。
- 首を絞める。
- 窓を閉める。

す
- 空気が澄む。
- マッチを擦る。
- 用事が済む。

た（つ）
- 教壇に立つ。
- 消息を絶つ。
- 布地を裁つ。
- 思いを断つ。
- ビルが建つ。

つ
- 教職に就く。
- 事業を継ぐ。
- 草花を摘む。

と
- 包丁を研ぐ。
- 急成長を遂げる。
- 創造性に富む。

と（く）
- 難問を解く。
- 卵を溶く。
- 人道を説く。

と（る）
- ボールを捕る。
- 連絡を取る。
- 山菜を採る。
- 映画を撮る。
- 指揮を執る。

ふ
- 貯蓄を殖やす。
- 手を振る。
- 怒りに触れる。

も
- 希望に燃える。
- 茶わんに盛る。
- 情報が漏れる。

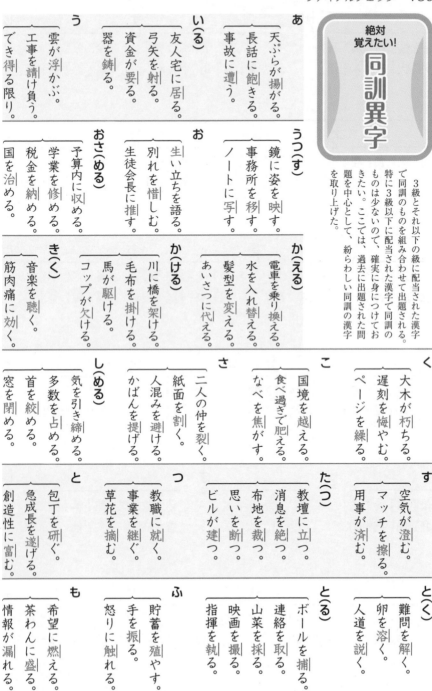

絶対覚えたい！

部首

3級に配当された漢字とそれ以下の級に配当された漢字の中で、間違えやすい部首の漢字が出題される。ここでは、過去に出題された問題を中心として、間違えやすい部首の漢字を取り上げた。

欺▼欠（あくび かける）
緊▼糸（いと）
宴▼宀（うかんむり）
顧▼頁（おおがい）
郷▼阝（おおざと）
乳▼し（おつ）
響▼音（おと）
魔▼鬼（おに）
魂▼鬼（〃）
賢▼貝（かい・こがい）
貫▼貝（〃）
賊▼貝（かいへん）

髪▼髟（かみがしら）
辛▼辛（からい）
業▼木（き）
某▼木（〃）
東▼木（〃）
衛▼行（ぎょうがまえ）
斥▼斤（きん）
葬▼艹（くさかんむり）
藩▼艹（〃）
蒸▼艹（〃）
善▼口（くち）
周▼口（〃）

啓▼口（くち）
吏▼口（〃）
喫▼口（くちへん）
獄▼犭（けものへん）
怠▼心（こころ）
慈▼心（〃）
衰▼衣（ころも）
裁▼衣（〃）
濫▼氵（さんずい）
慕▼⺗（したごころ）
票▼示（しめす）
卓▼十（じゅう）

卑▼十（じゅう）
辱▼辰（しんのたつ）
夏▼夂（すいにょう ふゆがしら）
尊▼寸（すん）
将▼寸（〃）
畜▼田（た）
奮▼大（だい）
奏▼大（〃）
奪▼大（〃）
簿▼⺮（たけかんむり）
競▼立（たつ）
募▼力（ちから）
励▼力（〃）
勝▼力（〃）
厳▼⺍（つかんむり）
墾▼土（つち）
墓▼土（〃）

塗▼土（つち）
執▼土（〃）
掌▼手（て）
擁▼扌（てへん）
掛▼扌（〃）
房▼戸（とだれ とかんむり）
虐▼虍（とらがしら とらかんむり）
酔▼酉（とりへん）
酵▼酉（〃）
既▼旡（なし・ぶ すでのつくり）
膨▼月（にくづき）
伐▼亻（にんべん）
乗▼ノ（の はらいぼう）
敷▼攵（のぶん ぼくづくり）
翻▼羽（はね）
暮▼日（ひ）
曇▼日（〃）

暫▼日（ひ）
昇▼日（〃）
暴▼日（〃）
義▼羊（ひつじ）
免▼儿（ひとあし にんにょう）
企▼人（ひとやね）
炊▼火（ひへん）
豚▼豕（ぶた・いのこ）
雇▼隹（ふるとり）
我▼戈（ほこづくり ほこがまえ）
戯▼戈（〃）
聖▼耳（みみ）
蛮▼虫（むし）
癖▼疒（やまいだれ）
刑▼刂（りっとう）
卸▼卩（わりふ ふしづくり）
卵▼卩（〃）

絶対覚えたい!

対義語

どちらかに3級配当漢字を含む熟語が使われている対義語を中心に出題される。対義語の多くは決まった熟語の組み合わせとなるが、「脱退」に対する「加入」「加盟」のように、複数の熟語がある場合は注意したい。ここでは、過去に出題された対義語を中心に、対義語として問われると思われる熟語を下段に示し、空欄になる可能性の高い字を赤文字とした。

悪化《あっか》 ↔ 好転《こうてん》
一致《いっち》 ↔ 相違《そうい》
一般《いっぱん》 ↔ 特殊《とくしゅ》
遠隔《えんかく》 ↔ 近接《きんせつ》
往路《おうろ》 ↔ 帰路《きろ》
穏健《おんけん》 ↔ 過激《かげき》
穏和《おんわ》 ↔ 粗暴《そぼう》
解雇《かいこ》 ↔ 採用《さいよう》
解放《かいほう》 ↔ 束縛《そくばく》
概略《がいりゃく》 ↔ 詳細《しょうさい》
架空《かくう》 ↔ 実在《じつざい》
革新《かくしん》 ↔ 保守《ほしゅ》

過失《かしつ》 ↔ 故意《こい》
華美《かび》 ↔ 質素《しっそ》
甘言《かんげん》 ↔ 苦言《くげん》
寒冷《かんれい》 ↔ 温暖《おんだん》
棄却《ききゃく》 ↔ 受理《じゅり》
既婚《きこん》 ↔ 未婚《みこん》
虐待《ぎゃくたい》 ↔ 愛護《あいご》
協調《きょうちょう》 ↔ 排他《はいた》
偶然《ぐうぜん》 ↔ 必然《ひつぜん》
軽率《けいそつ》 ↔ 慎重《しんちょう》
賢明《けんめい》 ↔ 暗愚《あんぐ》
倹約《けんやく》 ↔ 浪費《ろうひ》

高雅《こうが》 ↔ 低俗《ていぞく》
攻撃《こうげき》 ↔ 防御《ぼうぎょ》
強情《ごうじょう》 ↔ 柔順《じゅうじゅん》
拘束《こうそく》 ↔ 解放《かいほう》
孤立《こりつ》 ↔ 連帯《れんたい》
地獄《じごく》 ↔ 極楽《ごくらく》
支配《しはい》 ↔ 従属《じゅうぞく》
諮問《しもん》 ↔ 答申《とうしん》
邪悪《じゃあく》 ↔ 善良《ぜんりょう》
自由《じゆう》 ↔ 束縛《そくばく》
就寝《しゅうしん》 ↔ 起床《きしょう》
修繕《しゅうぜん》 ↔ 破損《はそん》

終了《しゅうりょう》 ↔ 開始《かいし》
需要《じゅよう》 ↔ 供給《きょうきゅう》
受容《じゅよう》 ↔ 排除《はいじょ》
潤沢《じゅんたく》 ↔ 欠乏《けつぼう》
上昇《じょうしょう》 ↔ 下降《かこう》
承諾《しょうだく》 ↔ 辞退《じたい》
冗漫《じょうまん》 ↔ 簡潔《かんけつ》
植樹《しょくじゅ》 ↔ 伐採《ばっさい》
自立《じりつ》 ↔ 従属《じゅうぞく》
辛勝《しんしょう》 ↔ 惜敗《せきはい》
衰退《すいたい》 ↔ 興隆《こうりゅう》
正統《せいとう》 ↔ 異端《いたん》
是認《ぜにん》 ↔ 否認《ひにん》
先祖《せんぞ》 ↔ 子孫《しそん》
早婚《そうこん》 ↔ 晩婚《ばんこん》
増進《ぞうしん》 ↔ 減退《げんたい》
促進《そくしん》 ↔ 抑制《よくせい》

粗雑《そざつ》 ↔ 精密《せいみつ》
逮捕《たいほ》 ↔ 釈放《しゃくほう》
怠慢《たいまん》 ↔ 勤勉《きんべん》
脱退《だったい》 ↔ 加盟《かめい》
短縮《たんしゅく》 ↔ 延長《えんちょう》
誕生《たんじょう》 ↔ 死去《しきょ》
抽象《ちゅうしょう》 ↔ 具体《ぐたい》
沈下《ちんか》 ↔ 隆起《りゅうき》
沈静《ちんせい》 ↔ 興奮《こうふん》
追加《ついか》 ↔ 削減《さくげん》
停滞《ていたい》 ↔ 進展《しんてん》
丁重《ていちょう》 ↔ 粗略《そりゃく》
敵対《てきたい》 ↔ 協調《きょうちょう》
弟子《でし》 ↔ 師匠《ししょう》
踏襲《とうしゅう》 ↔ 改革《かいかく》
動揺《どうよう》 ↔ 安定《あんてい》
任意《にんい》 ↔ 強制《きょうせい》

発生《はっせい》 ↔ 消滅《しょうめつ》
反抗《はんこう》 ↔ 服従《ふくじゅう》
悲哀《ひあい》 ↔ 歓喜《かんき》
非難《ひなん》 ↔ 称賛《しょうさん》
卑屈《ひくつ》 ↔ 尊大《そんだい》
分裂《ぶんれつ》 ↔ 統一《とういつ》
平行《へいこう》 ↔ 交差《こうさ》
妨害《ぼうがい》 ↔ 協力《きょうりょく》
縫合《ほうごう》 ↔ 切開《せっかい》
膨張《ぼうちょう》 ↔ 収縮《しゅうしゅく》
末尾《まつび》 ↔ 冒頭《ぼうとう》
模倣《もほう》 ↔ 創造《そうぞう》
優雅《ゆうが》 ↔ 粗野《そや》
優良《ゆうりょう》 ↔ 劣悪《れつあく》
擁護《ようご》 ↔ 侵害《しんがい》
冷遇《れいぐう》 ↔ 優遇《ゆうぐう》
零落《れいらく》 ↔ 栄達《えいたつ》

絶対覚えたい! 類義語

どちらかに3級配当漢字を含む熟語が使われている類義語を中心に出題される。類義語は「簡単」に対する「平易」「容易」のように、同じような意味をもつ複数の熟語がある場合が多いので注意したい。ここでは、過去に出題された類義語を中心に、類義語として問われると思われる熟語を下段に示し、空欄になる可能性の高い字を赤文字とした。

案内《あんない》—誘導《ゆうどう》
偉容《いよう》—英姿《えいし》
陰謀《いんぼう》—策略《さくりゃく》
永遠《えいえん》—恒久《こうきゅう》
詠嘆《えいたん》—感動《かんどう》
円熟《えんじゅく》—熟練《じゅくれん》
応援《おうえん》—加勢《かせい》
重荷《おもに》—負担《ふたん》
回顧《かいこ》—追憶《ついおく》
該当《がいとう》—適合《てきごう》
介入《かいにゅう》—関与《かんよ》
架空《かくう》—虚構《きょこう》

華美《かび》—派手《はで》
我慢《がまん》—辛抱《しんぼう》
監禁《かんきん》—幽閉《ゆうへい》
看護《かんご》—介抱《かいほう》
肝心《かんじん》—重要《じゅうよう》
勘弁《かんべん》—容赦《ようしゃ》
機構《きこう》—組織《そしき》
期待《きたい》—嘱望《しょくぼう》
吉報《きっぽう》—朗報《ろうほう》
奇抜《きばつ》—突飛《とっぴ》
基盤《きばん》—根底《こんてい》
強硬《きょうこう》—強引《ごういん》

屈服《くっぷく》—降参《こうさん》
警戒《けいかい》—用心《ようじん》
傾向《けいこう》—風潮《ふうちょう》
計算《けいさん》—勘定《かんじょう》
携帯《けいたい》—所持《しょじ》
決意《けつい》—覚悟《かくご》
健闘《けんとう》—善戦《ぜんせん》
賢明《けんめい》—利口《りこう》
倹約《けんやく》—節減《せつげん》
高低《こうてい》—起伏《きふく》
高慢《こうまん》—尊大《そんだい》
克明《こくめい》—丹念《たんねん》

鼓舞《こぶ》—激励《げきれい》
策謀《さくぼう》—計略《けいりゃく》
使命《しめい》—責務《せきむ》
釈明《しゃくめい》—弁解《べんかい》
借金《しゃっきん》—負債《ふさい》
重体《じゅうたい》—危篤《きとく》
周到《しゅうとう》—綿密《めんみつ》
手腕《しゅわん》—技量《ぎりょう》
潤沢《じゅんたく》—豊富《ほうふ》
承認《しょうにん》—許可《きょか》
思慮《しりょ》—分別《ふんべつ》
審議《しんぎ》—検討《けんとう》
辛酸《しんさん》—困苦《こんく》
正邪《せいじゃ》—是非《ぜひ》
征伐《せいばつ》—退治《たいじ》
前途《ぜんと》—将来《しょうらい》
専有《せんゆう》—独占《どくせん》

大綱《たいこう》—概略《がいりゃく》
怠慢《たいまん》—横着《おうちゃく》
卓越《たくえつ》—抜群《ばつぐん》
達成《たっせい》—完遂《かんすい》
団結《だんけつ》—結束《けっそく》
談判《だんぱん》—折衝《せっしょう》
沈着《ちんちゃく》—冷静《れいせい》
手紙《てがみ》—書簡《しょかん》
展示《てんじ》—陳列《ちんれつ》
独裁《どくさい》—専制《せんせい》
突如《とつじょ》—不意《ふい》
熱中《ねっちゅう》—没頭《ぼっとう》
薄情《はくじょう》—冷淡《れいたん》
発覚《はっかく》—露見《ろけん》
抜群《ばつぐん》—非凡《ひぼん》
漂泊《ひょうはく》—放浪《ほうろう》
不穏《ふおん》—険悪《けんあく》

不審《ふしん》—疑惑《ぎわく》
平定《へいてい》—鎮圧《ちんあつ》
便利《べんり》—重宝《ちょうほう》
傍観《ぼうかん》—座視《ざし》
明白《めいはく》—歴然《れきぜん》
名誉《めいよ》—光栄《こうえい》
免職《めんしょく》—解雇《かいこ》
役人《やくにん》—官吏《かんり》
有数《ゆうすう》—屈指《くっし》
憂慮《ゆうりょ》—心配《しんぱい》
幼稚《ようち》—未熟《みじゅく》
落胆《らくたん》—失望《しつぼう》
了解《りょうかい》—承知《しょうち》
了承《りょうしょう》—許諾《きょだく》
隷属《れいぞく》—服従《ふくじゅう》
廉価《れんか》—安値《やすね》
老巧《ろうこう》—老練《ろうれん》

絶対覚えたい! 四字熟語

3級の四字熟語では、四字のうち二字を漢字に直す問題が出題される。意味は問われないが、意味がわからないと漢字も定着しないので、同時にしっかりと覚えておきたい。ここでは、過去に出題された四字熟語を中心として、重要なものを取り上げた。

あ行

暗《あん》雲《うん》低《てい》迷《めい》
危険、破局などが起こりそうで不安な気配や暗い気分が続いていること。

意《い》気《き》消《しょう》沈《ちん》
元気をなくして、がっくりと沈み込むこと。

意《い》気《き》衝《しょう》天《てん》
意気込みが天を突くほどに、盛んなこと。（「意気、天を衝《つ》く」ともいう。）

異《い》口《く》同《どう》音《おん》
多くの人が口をそろえて同じことを言うこと。多くの人の意見が一致すること。

以《い》心《しん》伝《でん》心《しん》
①言葉では表されない真理を師の心から弟子の心に伝えること。②無言のうちに心が通じ合うこと。

一《いち》部《ぶ》始《し》終《じゅう》
①書物の初めから終わりまで。②成り行きの初めから終わりまで。てん末。

一《いっ》喜《き》一《いち》憂《ゆう》
状況の変化に応じて、喜んだり心配したりして落ち着かないこと。

一《いっ》挙《きょ》両《りょう》得《とく》
一つの事を行って、同時に二つの利益を収めること。一石二鳥。一挙両全。

一《いっ》件《けん》落《らく》着《ちゃく》
懸案の事件や課題が解決すること。

一《いっ》刀《とう》両《りょう》断《だん》
①ひと太刀で真っ二つに断ち切ること。②断固たる処置をすること。決断の速やかなさま。

意《い》味《み》深《しん》長《ちょう》
ある表現の示す内容が奥深くて含蓄のあること。表面上の意味のほかに別の意味が隠されていること。

因《いん》果《が》応《おう》報《ほう》
前世あるいは過去の善悪の行為が原因となり、その報いで現在に善悪の結果がもたらされること。

有《う》為《い》転《てん》変《ぺん》
この世の事物一切は因縁によって仮に存在しているもので、常に移り変わっていくはかないものであること。

雲《うん》散《さん》霧《む》消《しょう》
雲や霧が散って消えるように、あとかたもなく消えてなくなること。

温《おん》故《こ》知《ち》新《しん》
過去の事実を研究し吟味《ぎんみ》して、そこから新しい知識や見解を得ること。

か行

花《か》鳥《ちょう》風《ふう》月《げつ》
①自然界の美しい景色。②詩歌を詠《よ》み、絵を描くなどして、自然界の風雅な趣を楽しむこと。

我《が》田《でん》引《いん》水《すい》
（自分の田へ水を引く意から）自分の利益となるように取り計らうこと。自分に都合のよいようにすること。

感《かん》慨《がい》無《む》量《りょう》
しみじみとした思いが計り知れないほど深く強いこと。

緩《かん》急《きゅう》自《じ》在《ざい》
緩やかであったり急であったりといったことが思いのままであること。

危《き》機《き》一《いっ》髪《ぱつ》
髪の毛一本ほどのごくわずかな差のところまで危機が迫ること。危ないせとぎわ。

危《き》急《きゅう》存《そん》亡《ぼう》
危難が迫って、生き残るか滅びてしまうかという危ういせとぎわ。

起死回生《きしかいせい》
死にかけていたものを生き返らせること。滅びかけているものや絶望的な状態のものを立ち直らせること。

喜色満面《きしょくまんめん》
喜びを顔いっぱいに表すこと。

疑心暗鬼《ぎしんあんき》
疑う心が強くなると、なんでもないことが恐ろしく感じられたり、疑わしく思えたりすること。

奇想天外《きそうてんがい》
普通の人が思いもつかない奇抜な考え。

急転直下《きゅうてんちょっか》
事態が急転して、速やかに決着に向かうこと。

玉石混淆《ぎょくせきこんこう》
価値のあるものとないものとが、入りまじって区別がないこと。

議論百出《ぎろんひゃくしゅつ》
さまざまな数多くの意見が出て、議論が活発なこと。

好機到来《こうきとうらい》
物事をするのにちょうどよい機会がやってくること。チャンスがおとずれること。

巧言令色《こうげんれいしょく》
口先がうまく、顔色をやわらげて人を喜ばせ、こびへつらうこと。

孤城落日《こじょうらくじつ》
孤立無援の城と、西に傾く夕日。勢いが衰えて、心細く頼りないことのたとえ。

刻苦勉励《こっくべんれい》
心身を苦しめて痛めつけるほどひたすら勉強すること。

言語道断《ごんごどうだん》
言葉で表現できないほどとんでもないこと。もってのほか。

さ行

才色兼備《さいしょくけんび》
女性が優れた才知と美しい顔かたちの両方を兼ね備えていること。

三寒四温《さんかんしおん》
晩秋から初春にかけて、三日ほど寒い日が続いたのちに四日ほど暖かい日が続き、これを繰り返すこと。

試行錯誤《しこうさくご》
さまざまな方法を繰り返し試みて失敗を重ねながら解決方法を追求すること。

事実無根《じじつむこん》
根拠となる事実が全くないこと。事実に基づいていないこと。根も葉もないこと。

志操堅固《しそうけんご》
しっかり志を守って動かないこと。

舌先三寸《したさきさんずん》
口先だけでうまく相手をあしらうこと。また、その言葉。口先。弁舌。舌三寸。

失望落胆《しつぼうらくたん》
あてが外れてがっかりすること。望みを失うこと。

自暴自棄《じぼうじき》
不満や失望などが原因で、やけになって自分の身を粗末に扱うこと。

縦横無尽《じゅうおうむじん》
どの方面にも限りがないこと。自由自在。物事を思う存分にすること。

終始一貫《しゅうしいっかん》
初めから終わりまでずっと変わらないこと。

衆人環視《しゅうじんかんし》
大勢の人々が周囲を取り囲むようにして見ていること。

熟慮断行《じゅくりょだんこう》
時間をかけて十分に考えたうえで思い切って実行すること。

取捨選択《しゅしゃせんたく》
必要なものや良いものだけを選び取り、不要なものや悪いものを捨てること。

順風満帆《じゅんぷうまんぱん》
①追い風を帆いっぱいにはらんで船が快調に進むこと。②物事がきわめて順調に運ぶさま。

笑止千万《しょうしせんばん》
①非常にこっけいなさま。たいそう笑うべきこと。②はなはだ気の毒なこと。

思慮分別《しりょふんべつ》
慎重に考えて思案をめぐらし、物事を判断すること。

心機一転《しんきいってん》
あることをきっかけにして、気持ちがすっかり変わること。

深山幽谷《しんざんゆうこく》
奥深い山や静かな谷。

針小棒大《しんしょうぼうだい》
小さい事柄を大げさに誇張して言うこと。また、そのさま。

新陳代謝《しんちんたいしゃ》
①新しいものが古いものに取って代わること。②生体内で行われる物質の化学変化。物質代謝。

晴耕雨読《せいこううどく》
晴れた日は外に出て耕し、雨の日は家にいて読書を楽しむこと。田園に閑《かん》居《きょ》する自適の生活をいう。

生殺与奪《せいさつよだつ》
生かしたり殺したり、与えたり奪ったりすること。どうしようと思いのままであること。

清廉潔白《せいれんけっぱく》
心が清らかで私欲がなく、やましいところのないこと。

前後不覚《ぜんごふかく》
あとさきの区別もつかないほど、正体のないさま。

千差万別《せんさばんべつ》
さまざまな種類や違いがあること。また、そのさま。

前人未到《ぜんじんみとう》（踏）
まだだれも到達していないこと。

前途有望《ぜんとゆうぼう》
行く手や将来に望みが多いこと。見込みがあること。

千変万化《せんぺんばんか》
刻一刻とさまざまに変化すること。

創意工夫《そういくふう》
新しい思いつきや独創的な考えで、良い方法を得ようとすること。

率先垂範《そっせんすいはん》
先頭に立って模範を示すこと。

た行

大義名分《たいぎめいぶん》
①人として、また臣民として守るべき道義と節度。②行動のよりどころとなる道理や根拠。

大胆不敵《だいたんふてき》
度胸があって敵を敵とも思わないこと。何ものをも恐れないこと。

大同小異《だいどうしょうい》
小さな違いはあっても、大体が同じであること。似たり寄ったり。

単純明快《たんじゅんめいかい》
構造・機能・考え方などが込み入っておらず、筋道が明らかですっきりしていること。

単刀直入《たんとうちょくにゅう》
①一人で敵陣に切り込むこと。②直接に要点を突くこと。遠回しでなく、すぐに本題に入ること。

直情径行《ちょくじょうけいこう》
相手の思惑や周囲の事情など気にしないで、自分の感情のままを言動に表すこと。また、そのさま。

天衣無縫《てんいむほう》
①詩や文章に技巧の跡がなく、いかにも自然で完美であるさま。②天真爛《らん》漫《まん》なさま。

電光石火《てんこうせっか》
①稲妻や火打ち石が発する閃光《せんこう》。きわめて短い時間のたとえ。②動作がきわめて迅速《じんそく》なさま。

天変地異《てんぺんちい》
自然界に起こる異変。台風・地震・洪水など。

同工異曲《どうこういきょく》
①詩文・音楽を作る手法は同じであるが、趣が異なること。②見かけは異なっているようだが、中身は同じであること。

同床異夢《どうしょういむ》
①同じ床に枕《まくら》を並べて寝ながら、それぞれ違った夢を見ること。②同じ事を行いながら、意見や思惑が異なること。

得意満面《とくいまんめん》
得意そうな気持ちが顔じゅうに満ちあふれること。いかにも満足そうな様子。

独断専行《どくだんせんこう》
物事を自分の判断だけで勝手に推し進めること。

な行

二束三文《にそくさんもん》
数量が多くても、値段がきわめて安いこと。また、ひどく安い値段。

日進月歩《にっしんげっぽ》
日ごと月ごとに、絶えず急速に進歩すること。

は行

馬耳東風《ばじとうふう》
他人の意見や批評などを、全く心に留めずに聞き流し、少しも反省しないこと。

悲願達成《ひがんたっせい》
ぜひとも成し遂げたいと思う悲壮《ひそう》な願いをなし遂げること。

美辞麗句《びじれいく》
うわべを美しく飾り立てた言葉や文句。（内容や誠意のないことに用いる。）

複雑怪奇《ふくざつかいき》
複雑でわかりにくく不思議なこと。また、そのさま。

奮励努力《ふんれいどりょく》
気力を奮い起こして励み、目標実現のため心身を労して努めること。

変幻自在《へんげんじざい》
思うままに姿を変えて、現れたり消えたりすること。また、そのさま。

本末転倒《ほんまつてんとう》
根本的で重要なことと、ささいでつまらないこととを取り違えること。

ま行

漫言放語《まんげんほうご》
深く考えないで言った言葉や、ほかへの影響などを考えずに、思ったままを口に出した無責任な発言。

無我夢中《むがむちゅう》
我を忘れるほど、何かに心を奪われて熱中すること。

無病息災《むびょうそくさい》
全く病気をしないで健康であること。

無味乾燥《むみかんそう》
おもしろみや風情、潤いのないこと。また、そのさま。

明鏡止水《めいきょうしすい》
①曇りのない鏡と静かな水。②何のわだかまりも邪念もなく、澄み切って静かな心境。

明朗快活《めいろうかいかつ》
こだわりがなく、明るく朗らかで、はきはきとして元気のあること。

面目躍如《めんも(ぼ)くやくじょ》
その人本来の実力が生き生きと表れているさま。

門戸開放《もんこかいほう》
①制限をなくして自由に出入りできるようにすること。②港や市場を外国の経済活動のために開放すること。

や行

優柔不断《ゆうじゅうふだん》
気が弱くぐずぐずして決断力に乏しいこと。

油断大敵《ゆだんたいてき》
油断は失敗の原因となるから、大きな敵であるということ。油断して失敗を招くのを戒めた言葉。

容姿端麗《ようしたんれい》
姿や形が整って、麗《うるわ》しいこと。

ら行

立身出世《りっしんしゅっせ》
社会的に高い地位に就いて、世に認められること。

臨機応変《りんきおうへん》
その時その場に応じて、適切な手段を施すこと。また、そのさま。

老成円熟《ろうせいえんじゅく》
経験を積んで巧みになり、人格・知識・技術などが円満に発達し、豊かな内容をもつこと。

炉辺談話《ろへんだんわ》
炉端でくつろいでする、よもやま話や物語。

常用漢字表・付表

熟字訓・当て字

▼改定された常用漢字表・付表にある、熟字訓・当て字です。読み間違えのないように、繰り返し確認しましょう。
▼——線の漢字は、高等学校で習う読みです。

あ 明日（あす）・小豆（あずき）・海女・海士（あま）・硫黄（いおう）・意気地（いくじ）・田舎（いなか）・息吹（いぶき）・海原（うなばら）・乳母（うば）・浮気（うわき）・浮つく（うわつく）・笑顔（えがお）・叔父・伯父（おじ）・大人（おとな）・乙女（おとめ）・叔母・伯母（おば）・お巡りさん（おまわりさん）・お神酒（おみき）・母屋・母家（おもや）

か 母さん（かあさん）・神楽（かぐら）・河岸（かし）・鍛冶（かじ）・風邪（かぜ）・固唾（かたず）・仮名（かな）・蚊帳（かや）・為替（かわせ）・河原・川原（かわら）・昨日（きのう）・今日（きょう）・果物（くだもの）・玄人（くろうと）・今朝（けさ）・景色（けしき）・心地（ここち）・居士（こじ）・今年（ことし）

さ 早乙女（さおとめ）・雑魚（ざこ）・桟敷（さじき）・差し支える（さしつかえる）・五月（さつき）・早苗（さなえ）・五月雨（さみだれ）・時雨（しぐれ）・尻尾（しっぽ）・竹刀（しない）・老舗（しにせ）・芝生（しばふ）・清水（しみず）・三味線（しゃみせん）・砂利（じゃり）・数珠（じゅず）・上手（じょうず）・白髪（しらが）・素人（しろうと）・師走（しわす・しはす）・数寄屋・数奇屋（すきや）・相撲（すもう）・草履（ぞうり）

た 山車（だし）・太刀（たち）・立ち退く（たちのく）・七夕（たなばた）・足袋（たび）・稚児（ちご）・一日（ついたち）・築山（つきやま）・梅雨（つゆ）・凸凹（でこぼこ）・手伝う（てつだう）・伝馬船（てんません）・投網（とあみ）・父さん（とうさん）・十重二十重（とえはたえ）・読経（どきょう）・時計（とけい）・友達（ともだち）

な 仲人（なこうど）・名残（なごり）・雪崩（なだれ）・兄さん（にいさん）・姉さん（ねえさん）・野良（のら）・祝詞（のりと）

は 博士（はかせ）・二十・二十歳（はたち）・二十日（はつか）・波止場（はとば）・一人（ひとり）・日和（ひより）・二人（ふたり）・二日（ふつか）・吹雪（ふぶき）・下手（へた）・部屋（へや）

ま 迷子（まいご）・真面目（まじめ）・真っ赤（まっか）・真っ青（まっさお）・土産（みやげ）・息子（むすこ）・眼鏡（めがね）・猛者（もさ）・紅葉（もみじ）・木綿（もめん）・最寄り（もより）

や 八百長（やおちょう）・八百屋（やおや）・大和（やまと）・弥生（やよい）・浴衣（ゆかた）・行方（ゆくえ）・寄席（よせ）

わ 若人（わこうど）

メモ

メモ

メ モ

本書に関する最新情報は，当社ホームページにある本書の「サポート情報」をご覧ください。(開設していない場合もございます。)

漢字検定 3級 完成問題

編著者 絶対合格プロジェクト
発行者 岡 本 明 剛
印刷所 寿 印 刷 株 式 会 社

発 行 所

株式会社 増 進 堂
大阪市西区新町 2 丁目19番15号
TEL(06)6532-1581(代) 〒550-0013
FAX(06)6532-1588

落丁・乱丁本はお取り替えします。 高廣製本 Printed in Japan